教えて！先輩!!

中学生からの仕事探し 夢探し

神戸新聞「週刊まなびー」編集部

神戸新聞総合出版センター

将来の生き方や夢を見つけたい君たちに

　中学生から高校生の時期は、自我に目覚め、自己を探求し始めるとともに、自分の将来における生き方や進路を模索する時期です。また、様々な人々の生き方に触れて、人間がいかにあるべきか、いかに生きるべきかについて考えるようになる時期でもあります。

　この本を手にした皆さんは、将来どんな生き方をしようか、どんな仕事をしようか、考え始めていることでしょう。もちろん、まだまだ経験や情報が不足していて、今の時点で決めることができない人もいるでしょうし、今考えていることが将来変わることがあってもいいと思います。

　皆さんが今後の進路や職業を考えるときに大切なことは、自分の個性や適性、長所や短所、興味や関心などから、自分のことを正しく理解することです。

そして、大人の社会とかかわり、様々な職業について詳しく知ることも大切です。兵庫県の中学2年生が「トライやる・ウィーク」で、高校生がインターンシップで、地域に出かけ、職場体験など様々な体験活動をするのもそういう点で大変意義があるのです。

人は、勤労や職業を通じて社会の一員としての役割を果たし、自己の能力や適性を発揮しています。

この本では、兵庫県ゆかりの先輩たちが様々な職業に就いて、その活躍ぶりを紹介しています。皆さんには、先輩方がどのような仕事をされ、どんなやりがいや喜びがあるか、どんな厳しさがあるかなどについて理解を深めてほしいと思います。

そして、関心のある職業だけでなく、様々な職業やその社会的役割などについて理解するとともに、働くことの楽しさや厳しさを知り、勤労や職業についての関心・意欲を高め、将来、職業人、社会人として生きがいのある人生を築こうという気持ちをもってくれることを期待します。

この本を読んだ皆さんが、自分の個性を見つめ、それを大切にして、これからの進路や職業について夢と希望を抱き、自己実現を図っていくことを願っています。

最後に次の言葉を贈ります。

「夢を実現させるためには、強い意志と努力に優る適性はない。」

山城　芳郎

（前三木市立三木中学校校長、神戸新聞社ＮＩＥ顧問）

「教えて！先輩!!」連載について

最近、将来の夢を持てない子どもが増えていると聞く。週刊まなびー編集部が、ある中学校で「将来就きたい仕事」について生徒にアンケートした時も、白紙の回答が目立った。思春期まっただ中の生徒たちだから素直に答えてくれるとは限らないが、それにしても寂しいなと感じた。

神戸新聞の子どもと保護者向けのページ「週刊まなびー」は２０１１年2月の創刊だが、目玉企画の一つとして「教えて！先輩!!」をスタートさせた。さまざまな職業について学ぶ授業、いわゆるキャリア教育は各学校で盛んに行われているが、週刊まなびーでは学校の授業でなかなか言えない本音、業界の裏話なども紹介し、できるだけ子どもたちに興味を持ってもらえるよう心掛けた。

インタビューは各業界の現場で活躍しておられる兵庫県関係者にお願いしたが、ご多忙にもかかわらず快くインタビューに応じてくれた。あらためて御礼申し上げます。きっと私たちと同じような危機感を抱いておられたのだろう。

それぞれの分野で長年奮闘してこられたかたがたの言葉は、ずしりと重く、かつ優しく、取材した私たちが胸を打たれることもしばしばだった。

「戦力外になるたびに野球をしたいと心の底から思った」と打ち明けてくれたプロ野球選手、「好きなことを仕事にするのはすごく苦しい」としみじみ語った漫画家…。小さな胸にもきっと響く言葉だと思う。

「獣医師の嫌いな動物」「実は異性にモテます」「仕事に欠かせない意外な物」など、こぼれ話も満載している。

この本を読んだ子どもたちが大きな夢を抱き、日本の未来を明るくしてくれることを願ってやまない。

田中　伸明
（神戸新聞「週刊まなびー」初代編集長、現社会部デスク・編集委員）

もくじ

くらしを守り支える仕事

サービスにかかわる仕事

自然・生きものにかかわる仕事

スポーツ・勝負の世界にかかわる仕事

食べものにかかわる仕事

乗りものにかかわる仕事

ファッション・おしゃれにかかわる仕事

本書は、神戸新聞に連載している「教えて！先輩!!」の2011年2月～2013年11月までの記事から50編を選び分野別に再構成し、一部の加筆・修正を除いて、ほぼそのまま収録したものです。登場人物の年齢、肩書きなどは本文末尾に表記した新聞掲載日当時のままです。

母にあこがれ同じ道へ

看護師

母も現役看護師です。高校のころ、祭りでけがをした男性の応急処置をしている姿を見て、家では穏《おだ》やかな母がてきぱき動く姿をかっこいいと思いました。姫路の網干高校で進路を決める時、母にあこがれて、看護師になりたいと思いました。

専門学校では、実習や国家試験の勉強などに一生懸命《けんめい》取り組みました。3年前から県立尼崎病院へ。以来ずっと内科系の重症《じゅうしょう》集中治療《ちりょう》室（ＭＩＣＵ）に勤務《きんむ》しています。循環器《じゅんかんき》内科チームの一員として、心筋梗塞《しんきんこうそく》などで重い病状の患者《かんじゃ》さんたちを担当しています。

患者さんの笑顔で頑張れる

勤務に入る前から、受け持ちの患者さんの状況や治療内容の引き継《つ》ぎを受け、チームで仕事の進め方などを話し合います。そして患者さんにあいさつして薬を渡したり、血圧測定や採血など医師の治療補助《ほじょ》をしたりします。ほかにも、患者さんの着替えや入浴、食事なども手伝います。

勤務時間は、午前8時半～午後5時15分の日勤▽午後4時～午前0時45分の準夜勤《じゅんやきん》▽午前0時～8時45分の深夜勤―の3種類です。月2回、深夜・深夜・準夜勤・準

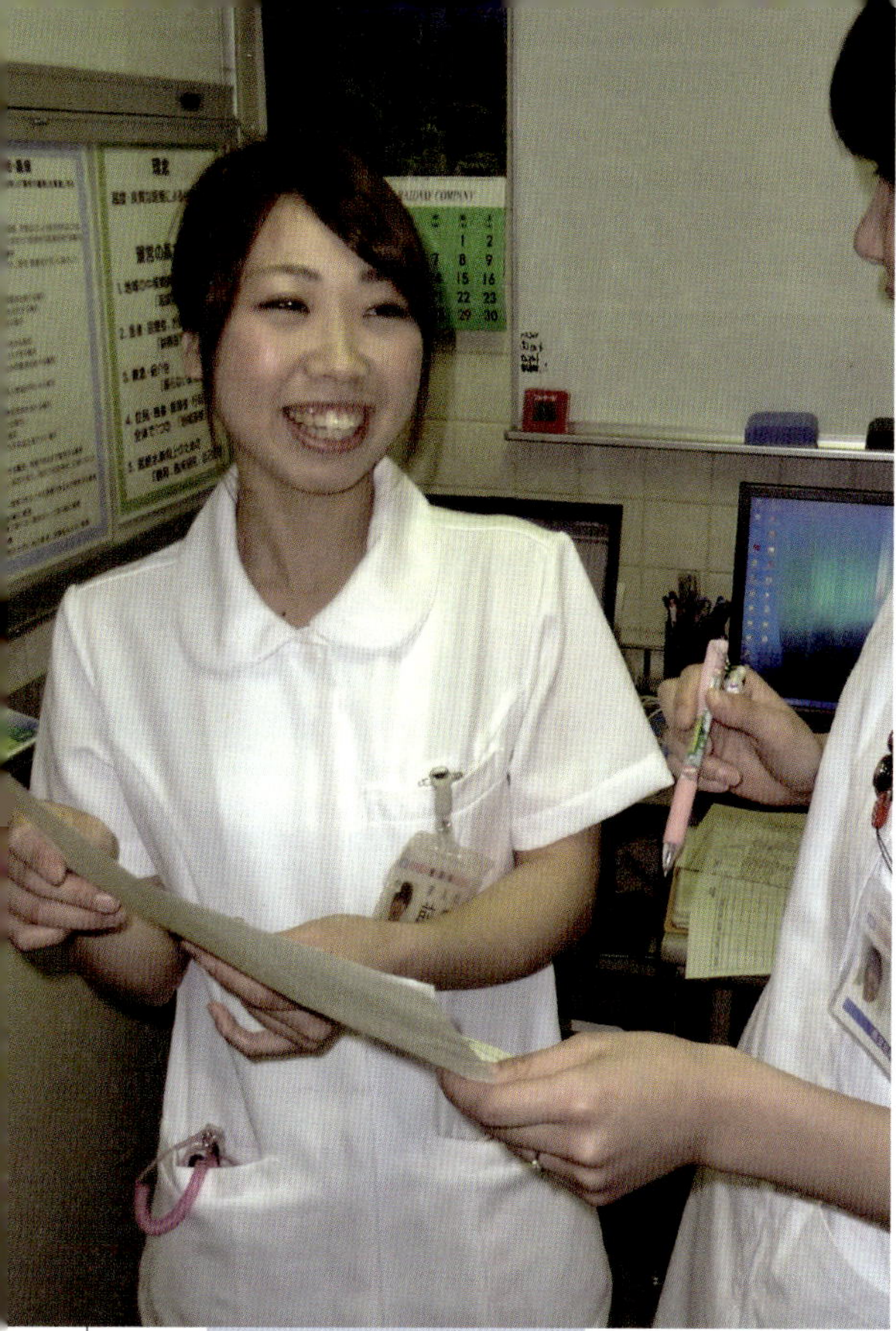

患者の状況などについて先輩と打ち合わせする前田香奈さん（左）
＝尼崎市東大物町1、県立尼崎病院

夜勤・休みという〝夜勤週間〟があります。

　体力的に大変ですが、自分が考えたお世話が思うようにできて、患者さんに「ありがとう」と言ってもらえると、本当にこの仕事をしてよかったな、と思います。命の危険もある患者さんを担当し、精神的につらくて「辞めたい」と思う時も。でも患者さんの笑顔に元気をもらい、頑張《がんば》れることが多

前田香奈さん(24)
（尼崎市）

★★★

まえだ・かな
姫路市出身。同市の勝原小、朝日中、網干高、医師会看護専門学校を経て、2008年から県立尼崎病院に勤務。

いんです。

この春、MICUに新人が入ってきました。この3年間、私が一番下で先輩方に甘えがちだったので、自分がしっかりして、後輩にも教えていきたいと思っています。

将来は看護師や患者さんを心理的にケアする「リエゾンナース」という専門看護師になりたいと思っています。

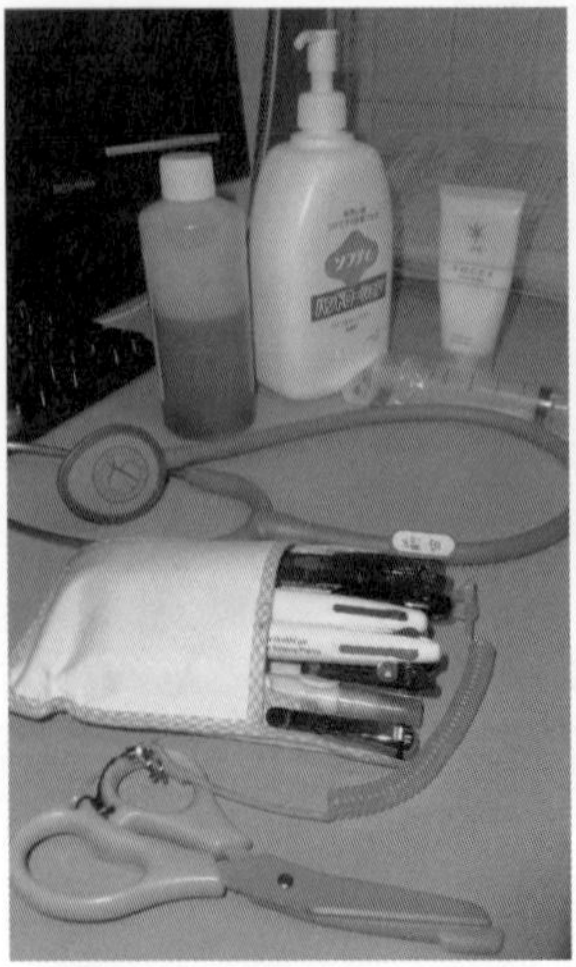

前田さんの白衣のポケットに入っているペンやハンドクリームなど

職場の精神的な支えになりたいからです。そのためにも、まず技術や知識をどんどん磨いていきます。

（聞き手・吹田　仲）

2011・4・24

適性をチェック!

- □ 人の世話をするのが好き。人の気持ちが分かる
- □ 患者さんを癒《い》やせる明るさがある
- □ やはり体力が一番。夜勤もあるので、夜に強いとなおいい

こぼれ話

いつもポケットにハンドクリーム

看護師にとって必需品《ひつじゅひん》の一つが、ハンドクリームです。感染《かんせん》防止のため、何かする前にはいつも手を洗うからです。荒れた皮膚《ひふ》のでこぼこにばい菌《きん》がつくと落ちにくくなるため、手荒れを防ぐクリームを頻繁《ひんぱん》に使います。ほとんどみんなポケットに入れているし、手洗い所にはせっけんや消毒液《しょうどくえき》のほかに、ポンプ式のハンドクリームが置かれています。看護師同士、銘柄《めいがら》の話で盛り上がることも多いんですよ。

看護師になるには…

年1回の看護師国家試験に合格しなければなりません。目指すルートは大きく二つ。一つは、高校卒業後に看護大学や看護専門学校（3年課程）などを卒業する。もう一つは中学や高校卒業後に准看護師を経て、さらに看護師学校養成所（2年課程）を修業する。これで国家試験の受験資格が得られます。

信頼築き、リハビリ助ける

作業療法士

お年寄りや障害者《しょうがいしゃ》、けがをした人などの心と体を、日常生活ができるように回復させる手伝いをするのが作業療法士《さぎょうりょうほうし》の仕事です。よく理学療法士との違《ちが》いを聞かれますが、理学療法士は体の機能回復が専門《せんもん》で、作業療法士は心のケアなども担《にな》っているということではないでしょうか。

今は、神戸市の「老人保健施設《しせつ》こうべ」に通うか、自宅で療養《りょうよう》している中高年の人のリハビリを担当しています。訪問《ほうもん》リハビリでは、筋トレや体操を手伝ったり、一緒《いっしょ》に外を歩いたりします。福祉器具《ふくしきぐ》などのアドバイスもします。

施設に来た人にも体を動かしてもらうほか、手工芸やゲームなどを通じ、手や頭のリハビリもします。お手玉や習字、パズルなど、体の状況《じょうきょう》やその人の好みに合わせて、より効果的なものを勧《すす》めるようにしています。

体だけでなく心もケア

高校では社会福祉士になろうと思っていました。でも実習で高齢者《こうれいしゃ》施設に行ったとき、作業療法士が、体の不自由な高齢男性をすぐに自力で食事できるようにしたのを見たんです。「魔法《まほう》みたい」と思い、高校3年生で突然、作業療

デイケア施設でリハビリする高齢者に話し掛ける渋谷真知子さん
＝神戸市中央区日暮通5、「老人保健施設こうべ」

法士を目指すことにしました。

仕事は大変です。時間は長いし、資料作成も膨大《ぼうだい》にあります。何らかの不自由な状況にある人たちを相手にするので、順調なことばかりではありません。無力さを感じることもあります。

でも、やはり少しずつでもよくなり、元気になってもらえるとうれしいです。大切なのは自分の体を知ってもらうこと。それには対

渋谷真知子さん(27)

(神戸市北区)

★ ★ ★

しぶや・まちこ
豊岡市出身。日高高校、関西総合リハビリテーション専門学校を経て、神戸在宅ケア研究所に入社。

作業療法士

話が欠かせません。いっぱい話して信《しん》頼《らい》関係を作り、必要性を実感してもらうことがいいリハビリにつながります。

どんな状況でも対応できるよう、現場でいろんな経験を積《つ》んでいきたい。変化する制度に対応し、新しい知識を得《え》るためには、勉強も続けなければなりません。でも、作業療法士ってやる気と情熱を持った人が多いんです。そんな周りの雰囲気《ふんいき》に刺激《しげき》を受けながら、私も頑張《がんば》りたいです。

（聞き手・吹田　仲）

2011・8・7

リハビリで使うさまざまな道具。同じものでも人によって使い方はさまざまだ

適性をチェック!

- □ 人のために何かしたいという強い気持ちや思いやりの心
- □ 体力や持久力ももちろん大事
- □ 作業や手工芸を教えるので、手先の器用さも必要

こぼれ話

個々に応じてリハビリ道具使用

リハビリで使う道具は、人によってさまざまな使い方をします。例えば輪投げなら、体が前傾《ぜんけい》する人は目標を高い場所に置き、腰《こし》を曲げづらい人は低い場所に置いて投げます。棒《ぼう》を穴にさす「ペグボート」なら、つまむのが苦手な人には普通に入れてもらい、手首などが弱い人には回しながら入れてもらう。状況に応じて変えながら機能回《かい》復《ふく》を目指します。やはり単純《たんじゅん》作業よりも、目的のあるゲームなどの方が効率《こうりつ》が上がる人が多いようです。

作業療法士になるには…

国家試験に合格して免許を取ることが不可欠。高校卒業後に、国の定める養成学校か施設で３年以上の課程を修了すると、国家試験が受けられるようになる。作業療法士は病院や高齢者施設など、さまざまな現場で活躍しているので、どんな所で働きたいかも考えておいた方がいい。

五感働かせ体と向き合う

鍼灸師

鍼灸治療《しんきゅうちりょう》は、体の痛みを感じる部分や、内臓《ないぞう》からの不調のサインが現れているツボと呼ばれる場所に、髪《かみ》の毛より細い鍼《はり》を打ったり温かい灸を乗せたりして機能を回復させ、体全体のバランスを整えます。血行がよくなり、痛みの原因となる物質が流されていくようなイメージです。

子どものころから体の仕組みに関心があり、資格のある仕事にも就《つ》きたかったので、看護専門《かんごせんもん》学校に進み、看護師の国家資格を取りました。

患者さんの回復が原動力に

京都市内の病院で働いていましたが、4年目に体調を崩《くず》し、辞めることに。その時初めて鍼灸治療を受けたところ、アトピーのかゆみからくる不眠《ふみん》や食欲不振《しょくよくふしん》などの症状《しょうじょう》がやわらいだのです。体や心がほっとし、元気が出たことで、「自分もやってみたい」という気持ちが芽生えました。

看護師の仕事に復帰後、36歳で神戸市内の鍼灸専門学校に入学しました。社会人の学生も多かったです。午前中は働き、午後は解剖《かいぼう》学などの授業や、鍼を打つ実習に出席。2008年に「はり師」と「きゅう師」の国家資格を取り、

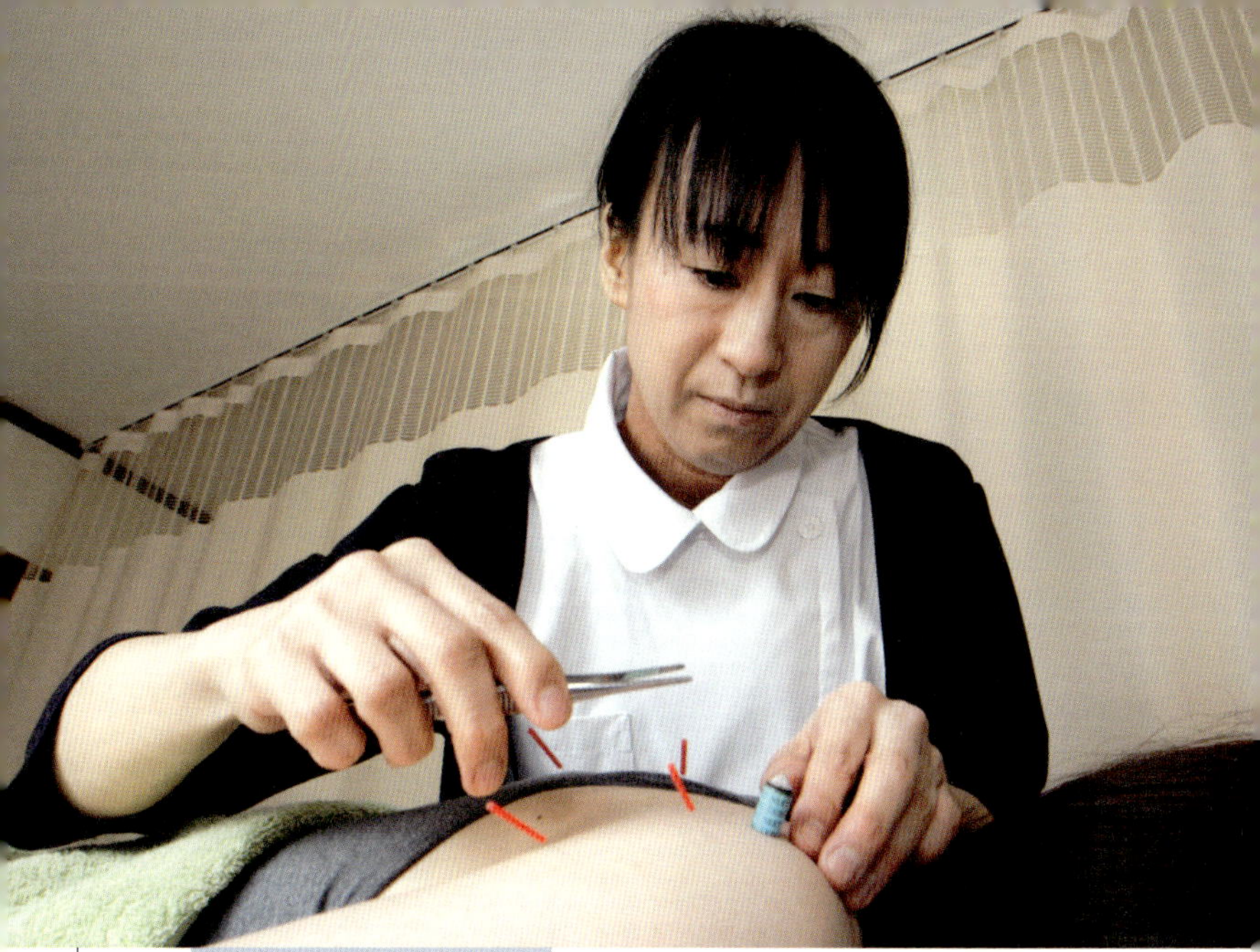

患者に鍼や灸をする春名恵水さん
＝神戸市東灘区本山北町3、木香鍼灸院　（撮影・山口　登）

春名恵水さん（43）

（神戸市東灘区）

★★★

はるな・えみ
東京都出身。看護師を経て、2008年に兵庫鍼灸専門学校卒業。10年10月、神戸市東灘区に開院。

学校付属の治療院勤務を経て、女性と子ども専門の鍼灸院を開きました。

治療の前には具合の悪い部分をさわるほか、脈を測ったり目や舌を見たり、体臭《たいしゅう》や口臭はないか、声の調子や歩き方はどうかなど、さまざまな角度から情報を得ます。

五感をしっかりと働かせることが大切です。

カルテには、患者さんと話した内容も細かく書き込んでいます。

病院では、主治医の指示で注射《ちゅうしゃ》などの処置

をしていましたが、今はすべて一人で考えねばなりません。よくなるとうれしく、なかなか改善《かいぜん》しないと「なぜだろう」と悩《なや》みます。患者さんが自分の治療で元気になることが、仕事を続ける原動力です。

体調管理のため、私も休みの日にほかの鍼灸院で治療を受けます。翌日《よくじつ》は心身にエネルギーが満ちているのがわかります。自分が知っているこのよさを、多くの人に伝えていきたいです。

（聞き手・平井麻衣子）

２０１２・５・６

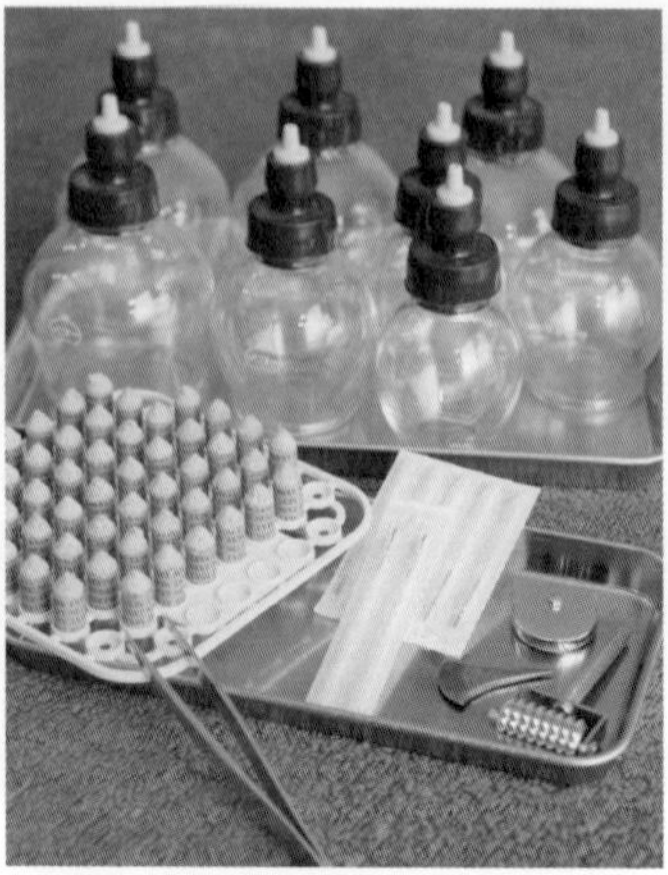

治療に使う鍼や灸。「吸い玉」（奥）は、血行をよくして筋肉のこりをほぐす

適性をチェック!

- □ 体調や感情の小さな変化を見逃さない観察力がある
- □ 相手を深く知るために、コミュニケーション能力も重要
- □ 患者の「治りたい」気持ちを引き出そうと意識できる

こぼれ話

症状改善のほか「美容鍼」も人気

鍼灸治療は数千年前に中国で始まったとされ、日本には6世紀ごろに伝わってきました。腰痛《ようつう》や胃炎《いえん》、鼻炎、不眠、女性特有の生理痛や子宮内膜症《しきゅうないまくしょう》など、幅広《はばひろ》い症状の改善につながるほか、最近は顔に鍼を打ち新陳代謝《しんちんたいしゃ》を促《うなが》す「美容鍼」にも注目が集まっています。子どもの夜泣きやおねしょにも対応しています。ただ子どもには鍼は使わず、専用のローラーやへらでさすったりトントンとたたいたりと、皮膚《ひふ》をマッサージするような刺激《しげき》を与えて治療します。灸は5歳くらいから使えます。

鍼灸師になるには…

鍼灸専門の大学、短大、専門学校で定められた課程を修め、国家試験に合格して免許を取得しなければならない。「はり師」「きゅう師」の資格を同時に取る人が多い。主な就職先は、鍼灸院や病院の整形外科、介護施設、リハビリテーションセンターなど。

木香《このか》鍼灸院　TEL078·767·5227

正確な検査で治療サポート

臨床検査技師

お医者さんが適切な治療《ちりょう》を行うためには、まず患者《かんじゃ》さんの体の状態を知る必要があります。手がかりとなるのは、血液や尿《にょう》など。それらを採取して成分を分析したり、専用の機器で心臓《しんぞう》などの臓器の状態を確認したりするのが、臨床検《りんしょうけん》査技師《さぎし》です。

高校生のころ、医療関係の仕事に就《つ》きたいと思いました。薬剤師《やくざいし》に憧《あこが》れたのですが、最終的に臨床検査技師を養成する学部を選びました。ただ、どんな仕事をするのか、きちんと理解していたわけではありません。

経験積むほど勉強必要

大学で実際に勉強を始め、医療現場ではたくさんの検査が行われていて、それらの重要な検査を担当するのが臨床検査技師だと知りました。学ぶ教科が多い上に病院実習もあり、とにかく忙《いそが》しかったのですが、国家試験にも無事パスし、阪神間の病院に就職しました。

いくつかの病院で臨床検査技師として基礎的な検査経験を積む中で、「心エコー検査」と出合いました。超音波《ちょうおんぱ》を使って心臓を画面上に映し出し、動きが正常かどうかを確認するのです。

動いている心臓の状態を画像で

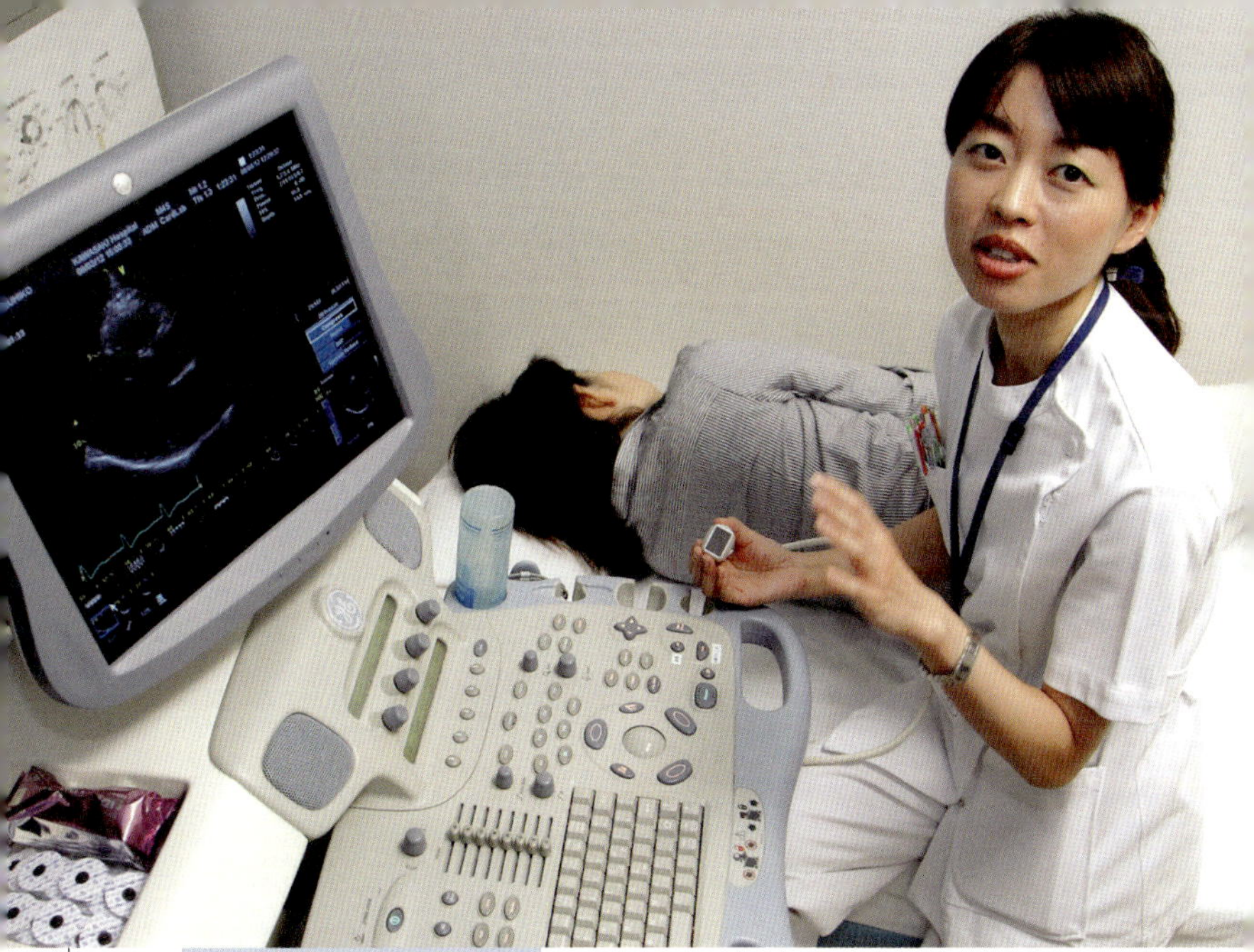

モニターに映し出された心臓の動きに、異常がないか見極める林さん
＝神戸市兵庫区東山町3、川崎病院
（撮影・飯室逸平）

林映李さん（30）
（神戸市兵庫区）
★★★
はやし・えり
京都府亀岡市出身。神戸常盤短大衛生技術科（現神戸常盤大学保健科学部医療検査学科）卒。2011年9月から医療法人川崎病院に勤務。

判断するのは難《むずか》しいのですが、お医者さんからいろいろと教わるうちに奥深さにひかれ、「この道を究めたい」と思うようになりました。念願がかない、今の病院では心エコー検査を専門に受け持っています。

検査が終わると、結果に意見を添《そ》えてお医者さんに渡します。迷ったときは必ず先輩ら周囲の意見を聞きます。経験を積めば積むほど、勉強することが増えていきます。

臨床検査技師

検査では正確さを心がけると同時に、患者さんへの気づかいも忘れないようにしています。慣れない検査をするとなれば誰《だれ》でも力が入ってしまうので、検査前の何げない会話で緊張《きんちょう》を解きほぐします。終わって患者さんから「ありがとう」と言われ、お医者さんに正確な結果を回せたと実感できるとうれしいです。

いつも白衣のポケットに入れている手製メモ。気になったことや得た知識などを書き込んでいく

これからますます腕《うで》を磨《みが》き、たくさんの人によりよい医療が提供《ていきょう》できるよう、努力していきます。

（聞き手・ライター藤本陽子）
２０１２・９・２

適性をチェック!

- □ 分からない点や疑問を突《つ》き詰《つ》めていく強い探究心《たんきゅうしん》
- □ 細かな点も見逃《みのが》さない冷静さと総合的な判断力
- □ 目標に向かって仲間と協力できる

こぼれ話

検査に慣れるため自分の体で体験

　検査は、患者さんに過度な負担をかけないよう、手際よく、正確に進めなければいけません。手順に十分慣れておく必要があるので、手のあいたときは自分の体でエコー検査の練習をしています。専用の機器を使って、心臓のほか、肝臓《かんぞう》や腎臓《じんぞう》などの臓器を順番にチェックしていきます。特に「ちょっと調子がすぐれないな」という日は、モニターをよく見て、どんなふうに画像が映し出されるのかを研究します。今のところ異常《いじょう》はなく、健康そのものです。

臨床検査技師になるには…

　専門学科のある大学・短大・専門学校で学び、年1回行われる国家試験に合格する必要がある。合格後に免許申請を行うと、臨床検査技師名簿に登録される。職場としては病院のほか、製薬会社の研究部門や各地の検査センターなどがある。

子どもとともに自分も成長

保育士

民間の保育園で、仕事などで忙《いそが》しい家庭の子どもを預かり、一緒《いっしょ》に遊んだり歌ったり、工作をしたりしています。

高校生のとき、保育士を目指して大学に通っていた近所の先輩《せんぱい》が、とても楽しそうに見えました。そこで自分も同じ道を志し、保育専《せん》門《もん》の短大に進学しました。

保育士になるには、教科書を使った勉強はもちろん大切ですが、じかに子どもたちと触《ふ》れ合い、経験の中から学ぶことが欠かせません。短大1年生のころから保育園に実習に行き、活発な5歳児《さいじ》と転

心と心を通い合わせて

げ回って遊んだり、園児間のけんかの仲裁《ちゅうさい》をしたりして、子どもたちの行動や気持ちを勉強しました。このとき、子どもたちと過ごす心地よさ、すがすがしさを感じ、「将来《しょうらい》は絶対、この仕事に」という思いを固めたのです。

新任時代、大好きな子どもたちと過ごせることはうれしかったのですが、長時間を共にするからこそ、どう接するべきかとても悩《なや》みました。先輩保育士の指示にはきちんと従《したが》う子どもたちが、自分の言うことを全く聞いてくれないとき、「なぜだろう。どこが違《ちが》うの

外遊びは大人気。園児の安全を守りながら、一緒に盛り上がって楽しむ岸夕子さん
＝神戸市兵庫区東出町2、兵庫保育園　（撮影・大山伸一郎）

岸　夕子さん（33）

（神戸市兵庫区）

★　★　★

きし・ゆうこ
神戸市の星和台中、鈴蘭台西高、頌栄短期大学を卒業。2000年から大慈保育園、10年に同じ社会福祉法人が運営する兵庫保育園に移り、副主任を務める。

だろう」と焦《あせ》りました。先輩のやり方をそばで観察し、分からないときや迷ったときは、その都度相談。やがて自分なりの接し方で手応えを感じられるようになり、大きな自信が生まれました。

今は年長クラス19人を担任《たんにん》。子どもにはそれぞれ個性があり、家庭環境《かんきょう》も実にさまざまです。全体の様子を見ながらも、その子に応じた接し方で、心を通い合わせるようにしています。気持ち

保育士

が通じ合えば、幼《おさな》い子どもでも「先生大変そうだな。ここは言うことを聞かないと」と、おのずと理解してくれます。

保育士は、子どもが成長していく上で手本となる存在《そんざい》。「先生」と呼ばれますが、園児に学び、共に成長する気持ちが必要です。13年の経験を積んだ今、もう一度初心に帰り、園児一人一人を今まで以上に丁寧《ていねい》に見ていきたいと思っています。

（聞き手・ライター藤本陽子）

2013・3・3

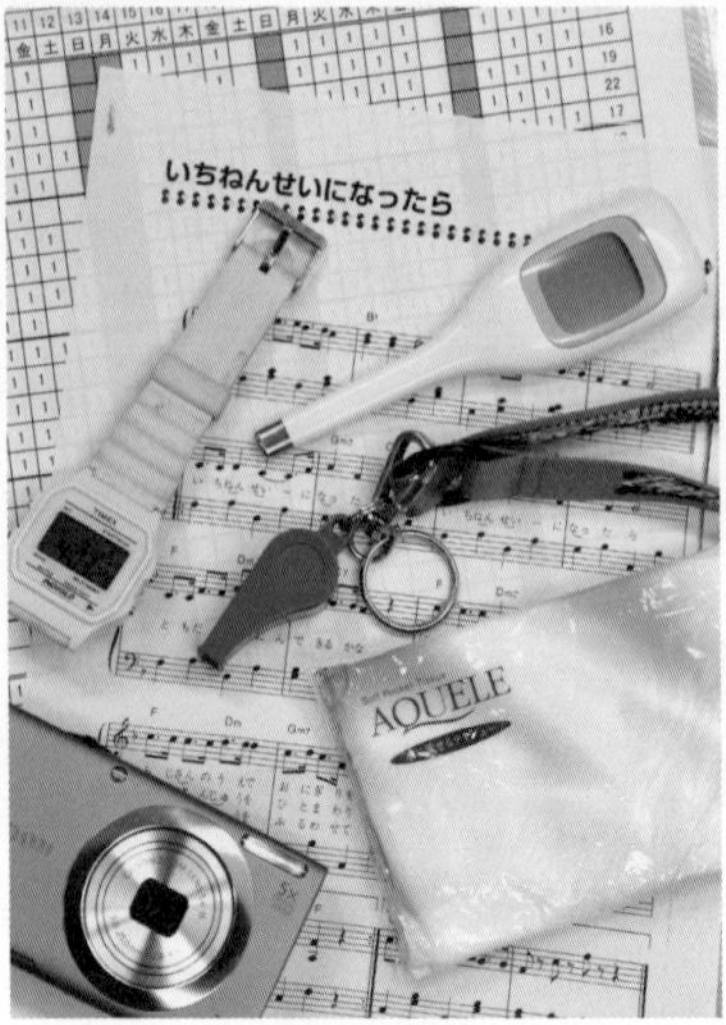

健康管理に必要な体温計や腕時計、出欠簿、カメラなど

適性をチェック!

- □ 恥《は》ずかしがらず、何でもとことん楽しめる
- □ いろんなことに興味を持って、上手に気分転換《てんかん》できる
- □ 教わったことを素直に吸収《きゅうしゅう》して自分のものにしていける

こぼれ話

廃材見て思わず「工作に使えそう」

個人差はあるものの、いつも子どもと一緒にいるので、基本的に保育士は明るくハキハキとしています。そのため、その独特の〝ノリ〟を大人だけの落ち着いた場面で発揮《はっき》してしまい、恥ずかしい思いをすることがあります。また、日常生活の中でトイレットペーパーの芯《しん》や発泡《はっぽう》スチロールなどの廃材《はいざい》を目にしたとき、「工作に使えそう」と思わず心を浮《う》き立たせてしまうのも保育士ならではですね。

保育士になるには…

保育士養成課程のある大学・短大・専門学校で学び、保育士資格を取得する人が大半。その他の大学・短大を卒業し、保育士試験を受けることもできる。最近は男性の保育士も増えている。

人の命を支える「薬のプロ」

薬剤師

患者《かんじゃ》さんの病状に合わせて必要な薬の種類や量、飲み方などを医師が指示する「処方箋《しょほうせん》」。それに基づき薬を調剤《ちょうざい》したり説明したりするのが薬剤師《やくざいし》の仕事です。より良い医療《いりょう》を提供するため、薬に関して医師に助言する役割も担《にな》います。

薬剤師の仕事に興味を持つようになったのは高校時代。数学と化学の実験が好きでした。資格を持っていれば結婚《けっこん》・出産しても仕事を続けられそうという考えもありました。薬学部は実験が多く、病院実習もあってハード。研究職を目指していたのですが、先生から「病院薬剤師も向いているのでは」と勧《すす》められ、考えるようになりました。

調剤だけでなく、服薬指導も

大学院を出て今の病院に。「薬剤師」の国家試験にはすでに合格していましたが、複雑な実務はすぐにはできません。先輩《せんぱい》の下で数カ月間、調剤のための機械の使い方や薬を出す上での決まりごとなどを覚えました。

半年後、一人で日直を任されるように。何度も確認しながら薬を用意した初日直の緊張は、忘《わす》れられません。病気を治したり、予防したりするための薬ですが、副作

病室を訪ね、入院患者に薬の説明をする池野真子さん（中央）＝神戸市兵庫区御崎町1、神戸百年記念病院

（撮影・三津山朋彦）

池野真子さん(31)

（神戸市兵庫区）

いけの・まこ
明石市出身。賢明女子学院中・高校（姫路市）を経て、神戸学院大学薬学部卒業、同大学院修了。2006年４月、鐘紡記念病院（現神戸百年記念病院）に。

用もあり、間違《まちが》った薬を飲めば命にかかわることも。「新人だから」という言い訳《わけ》は通用しません。

今、特に力を注いでいるのが「服薬指導」です。入院患者さんに薬の種類や飲み方を説明し、困《こま》りごとがないかを聞いて回ります。新人時代は薬を渡《わた》すだけで精いっぱいで、コミュニケーションが苦手でした。手本となったのが、薬についてだけでなく、世間話で盛《も》り上がる先輩の姿です。患

薬剤師

者さんの心を開き、信頼《しんらい》される大切さを痛感《つうかん》しました。薬への理解は正しい服用につながります。

最終目標は、患者さんに笑顔で退院してもらうこと。そのためには医師や看《かん》護師《ごし》らとの連携《れんけい》が欠かせません。経験を積むほどに深みも幅《はば》も増す仕事で、とてもやりがいがあります。患者さんの役に立つことを目指すとともに、医療《いりょう》現場で働く薬のプロとしての心構え、喜びを後輩たちに伝えていきたいですね。

（聞き手・ライター藤本陽子）

２０１３・６・２

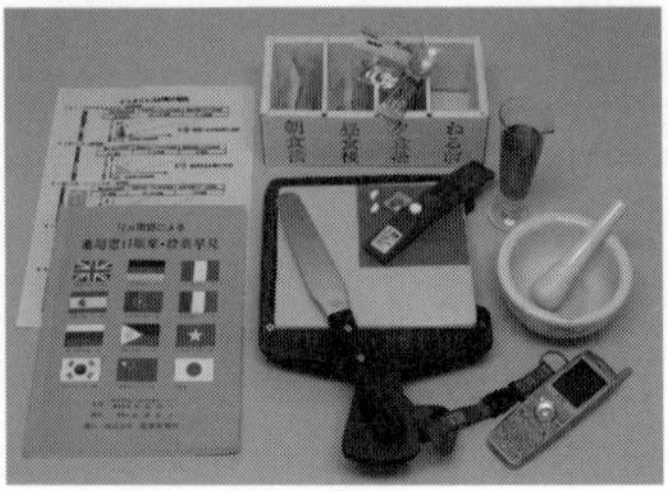

調剤・服薬指導で用いる道具類

適性をチェック!

- □ 他者と積極的にコミュニケーションがとれる
- □ 命と向き合う責任感がある
- □ 素早く、正確な対応ができる

こぼれ話

外国の人にも分かりやすく説明

国際化が進み、外国人の入院患者さんが増えています。診察《しんさつ》のときには通訳の人がいても、薬剤師が薬の説明をする際には、いないことが多いです。日本語も英語も分からない患者さんにも、薬について正しく知ってもらわなければいけません。薬の説明をする際の基本文例を12カ国語で訳した本を頼《たよ》りに、身ぶり手ぶりを交えながら一生懸命《けんめい》説明することが、年に何度かあります。

薬剤師になるには…

大学の薬学部（6年制）を卒業後、国家試験を受験する。勤務先は病院・診療所《しんりょうじょ》、調剤薬局、ドラッグストア、製薬企業《きぎょう》など幅広い。国家公務員である「麻薬取締官《まやくとりしまりかん》」（麻薬Gメン）の道も。

こつこつ追いつめ犯人逮捕

警察官

大学は理工学部に進み、放射線《ほうしゃせん》の影響《えいきょう》について研究《けんきゅう》していました。就職《しゅうしょく》活動して企業《きぎょう》から内定をもらったけれど、会社のためではなく、多くの人の役に立てる仕事が向いていると思い、兵庫県警《ひょうごけんけい》に入りました。今は神戸市兵庫区の兵庫警《けい》察署《さつしょ》で刑事《けいじ》の仕事をしています。みんな刑事ドラマを見たことがあると思うけれど、あんなふうにけん銃《じゅう》でうち合ったりはしません。でも、2人1組で現場へ行き、ねばり強く聞きこみをするところは同じです。

現場の証拠集めも大切

初めて刑事になった時は、鑑識《かんしき》係《がかり》を担当《たんとう》しました。指紋《しもん》や足あとなど、犯人をつかまえるための証《しょう》拠《こ》を集める役目です。

最近は、DNA鑑定《ディーエヌエーかんてい》といって、現場に残されただ液やかみの毛の遺伝子《いでんし》を調べ、だれのものかつき止める検査が重要になっています。ちかんにあった被害者《ひがいしゃ》の体に、犯人の皮膚《ひふ》のかけらが付いていることもあるので、特殊《とくしゅ》な粘着《ねんちゃく》テープで丹念《たんねん》に集めます。犯人の行動を読み、どこに証拠を残しているか推理《すいり》します。

強盗《ごうとう》や盗《ぬす》みを担当する係に入ってからは、容疑者《ようぎしゃ》の取り調べの仕

刑事になって5年目。表情に落ち着きを感じさせる藤原匠さん
＝神戸市兵庫区下沢通3、兵庫警察署
（撮影・神子素慎一）

事が多くなりました。心を開いてくれるよう、生《お》い立ちを調べたり、ギャンブルや車などいろんな話題を仕入れたりします。

藤原　匠さん(28)

（神戸市兵庫区）

★ ★ ★

ふじわら・たくみ
神戸市の東落合中、須磨友が丘高を経て近畿大卒。神戸西署に勤務後、2008年から兵庫署刑事1課。巡査部長。

なめられたらいけないので、相手が高圧的な態度に出た時は、負けずに切り返します。でも、容疑者をおどしたり、暴力をふるったりすることは禁止されています。

自動車が盗まれた事件で、見つかった車から自分で指紋をとり、

警察官

容疑者をわり出して、逮捕《たいほ》したことがありました。一連の流れを全部できたので、充実感《じゅうじつ》がありました。

刑事のだいご味は、悪いやつをこつこつ追いつめ、逮捕できること。しんどい点は、大きな事件が起きると家に帰れなくなり、休みもとれなくなることです。でも、犯人をつかまえれば、すべて報われる気がします。

事件が解決した後、2人の子どもと遊ぶのが何よりの楽しみ。また意欲《いよく》がわいてきます。

（聞き手・田中伸明）
2011・11・27

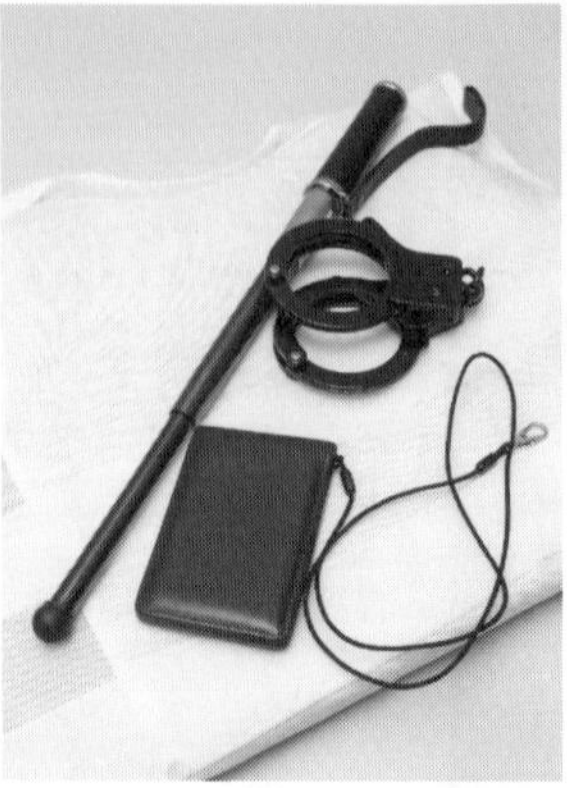

刑事の普段の持ち物。手錠に警察手帳、特殊警棒。白い服は防弾チョッキだが、めったに着ない

適性をチェック！

□好奇心《こうきしん》が強い。いろんな知識が捜査《そうさ》に役立ちます

□忍耐力《にんたいりょく》がある。証拠《しょうこ》集めなどの細かい作業も平気

□やる気がある。勤務《きんむ》時間が不規則でもがんばれる

こ ぼ れ 話

けん銃のこわさ徹底的に学ぶ

警察官《けいさつかん》はけん銃《じゅう》を持つことが認《みと》められています。人を殺すこともできる武器です。警察に入るとまず、銃のこわさを徹底的《てっていてき》に教えられました。銃をうつ訓練もあるのですが、ものすごい衝《しょう》撃《げき》でおどろきました。刑事になった今はめったに持ち歩きませんが、交番に勤《つと》めていたころは、毎日身に着けていました。取られたらいけないと思い、すごく緊張《きんちょう》しました。でも、銃の重みを感じることで、警察官はすごく重要な仕事だといつも再認識《さいにんしき》していました。

刑事になるには…

各都道府県で実施される採用試験に合格することが必要。交番勤務などを経て、適性があれば刑事課に配属される。難関の国家公務員Ⅰ種試験に合格し、警察官僚として刑事部門を歩む道もある。最近は被害者保護の仕事が重要になり、女性刑事の活躍の場も広がっている。

お金を扱う責任は重大

銀行員

銀行には、全国的な規模《きぼ》の都市銀行や、特定の地域に店がある地方銀行などがあります。私が勤《つと》めるみなと銀行は地方銀行で、兵庫県内には銀行中最も多い102店があります。

特に銀行らしい仕事には、企業や個人にお金を貸す「融資《ゆうし》」などを担《にな》う「営業職」や、店でお客さんに対応する「窓口係」、通帳《つうちょう》などを作る「オペレーター」、お金を管理する「出納係《すいとうがかり》」などがあります。

私は入行後、尼崎支店などに勤め、今年7月に本店営業部に来ました。営業職が多く、今も企業担当の営業をしています。出勤《しゅっきん》するとまず上司や同僚《どうりょう》らとミーティングをします。その後、午後4時ごろまで外出し、企業を回ります。

信頼されるよう、日々努力

会社に戻ると、企業融資のための資料を作ります。お金を貸す時は、きちんと返してもらえるかを慎重《しんちょう》に考えます。会社だけでなく、業界の状況《じょうきょう》や将来性《しょうらいせい》なども調べ、融資できるかどうか、またどれぐらい貸せるかなどを決めるのです。

神戸で生まれ育ったので、地元に恩返《おんがえ》ししたくて、この銀行に入りました。若くてもさまざまな社

カウンターでお客さんに対応する鈴木晴基さん
＝神戸市中央区三宮町2、みなと銀行本店営業部　（撮影・岡田育磨）

鈴木晴基さん(29)

（神戸市中央区）

★ ★ ★

すずき・はるき
神戸市中央区出身。葺合中、御影高、神戸商科大を卒業し、2004年にみなと銀行に入行。

長さんに会えるのが魅力《みりょく》の一つです。一方で、銀行はお客さんの預金を、別のお客さんに貸したり、資産運用したりする仕事です。判《はん》断《だん》の責任は重大です。

企業への融資は、その会社だけでなく、社員の家族や取引先にも大きな影響《えいきょう》を与えます。しかし、融資するお金もお客さんからの預金。経営が厳《きび》しい会社からの相談は、精神的《せいしんてき》に極限まで追い込まれることもあります。

銀行同士の差はなか

なか分かりにくい。だからこそ、営業の人間を信用してもらうことが大切です。そのため、自分をさらけだすこともよくあります。ひょっとすると、自分の家族よりお客さんの方が、私のことを知っているかもしれません。

お客さんの信頼を得て、名指ししてもらえるような銀行員になるのが目標です。そのために常に努力し続けています。

（聞き手・吹田　仲）
２０１１・12・４

鈴木さんが仕事に使う道具。融資の参考となる会社情報を収録した本も欠かせない

適性をチェック!

□多くの業種の人が相手。いろんな分野に興味がある

□誰《だれ》とでも上手にコミュニケーションできる

□お金を預かる仕事。信用してもらえる礼儀《れいぎ》や行動を

こぼれ話

いろんな本を読み知識を広げる

営業では幅広《はばひろ》い世代のお客さんと話します。会話を弾《はず》ませるため、専門知識だけでなく、さまざまな知識を仕入れるようにしています。新聞やテレビもそうですが、特にさまざまな本を読みます。これは会話の糸口になるんです。ですから、小説や歴史など、仕事と一見関係ない分野のものを多く読むようにしています。来年はＮＨＫ大河ドラマが平清盛《たいらのきよもり》なので、業種によっては盛《も》り上がっているお客さんもいます。そのあたりももちろんおさえています。

銀行員になるには…

多くの銀行は、大卒か短大卒以上の人を採用するので、その学歴は必要だ。銀行の仕事で不動産はとても重要なので「宅地建物取引主任者（宅建）」の資格があると強みになる。ほかにもファイナンシャルプランナーや簿記の資格も役立つので、学生時代に取っておくのもいい。

人の命を守る職務に誇り

消防士

小学生のころから、消防士は「かっこいい」という印象がありました。大学に入ってすぐ、交通事故現場で消防士のきびんな救助活動を見て、自分もなりたいと本気で思うようになり、地元・宍粟市《しそうし》の消防本部に入りました。

6年間消防署《しょ》で働き、昨年4月から、神戸市消防局に3年間の予定で派遣《はけん》されました。ヘリコプターで山林や高層《こうそう》ビル火災を消火したり、遭難者《そうなんしゃ》を救助したりする「航空機動隊」にいます。

以前の消防署では、午前8時半から24時間働いて交代し、24時間

ヘリコプターで消火や救助も

休んでまた出勤《しゅっきん》する、といった働き方でした。火事や事故があれば現場に急行し、消火や救出活動をします。火災現場では、取り残された人の救助と消火を最優先に進めます。隊長の指示を受けてチームで動き、現場の煙《けむり》を除《のぞ》いたり、突入《とつにゅう》する隊員を援護《えんご》したりもしました。

出動がない時は、報告書を書き、現場で使う機材の点検、チームでの訓練などをします。意外に知られていませんが、救急車に乗ってけが人や病人を運ぶのも、消防士の仕事なんですよ。

救助者をヘリコプターに引き上げる訓練にいどむ仲川公大さん（右）

＝神戸市中央区港島中町8、神戸ヘリポート　（撮影・山口　登）

仲川公大さん(28)

（神戸市中央区）

★★★

なかがわ・こうだい

宍粟市出身。城下小、山崎南中、山崎高卒。大学を中退し、2005年に宍粟市消防本部へ。

今は、消防車がヘリコプターになった感じでしょうか。もちろん事務の仕事もあります。現場では600リットルの水が入る特別なバケツで、空中のヘリから消火活動をしたり、下に降《お》りてけが人を救出して運び上げたりするのですが、現場の多くは山なので、簡単《かんたん》ではありません。ヘリの音が大きいので、決められた手の合図などで意思を伝えながら、臨機応変《りんきおうへん》に対応します。

深い谷など難《むずか》しい現場で、うまく救助でき

消防士

ると本当にうれしいです。一方で、私も子どもがいるので、子どもが亡《な》くなるような現場があると、強いショックを受けます。それでも人の命を救うこの仕事に誇《ほこ》りを持っていますし、大きなやりがいがあります。

今は指示を受けて動くことが多いですが、いずれは現場全体を把握《はあく》し、的確に指示できる隊長になりたいと思っています。

（聞き手・吹田　仲）

2012・3・4

訓練でヘリから降りる仲川さん。20メートルのロープを1、2秒ですべり降りた＝三木市志染町御坂1

適性をチェック!

- □ 人命を守る仕事をやりとげる責任感と体力がある
- □ 同じ現場は二度とない。臨機《りんき》応変《おうへん》に対応できる
- □ 現場では必ずチームで動く。チームプレーが得意

こぼれ話

現場は体力勝負　筋トレ欠かせず

火災や事故の現場では、体力や持久力が欠かせません。そのために毎日、勤務《きんむ》の合間にランニングをしたり筋力《きんりょく》トレーニングをしたりします。筋トレは通常、１日に腕《うで》立《た》てふせ90〜１５０回、腹筋《ふっきん》１５０〜３００回、けんすい50〜１００回ぐらい。１年に１回、消防本部で反復横とびや腹筋などを競う記録会もあります。同僚《どうりょう》と一緒《いっしょ》にトレーニングをすると、やはり対抗心《たいこうしん》がわき上がり、つい頑張《がんば》りすぎてしまうこともあります。

消防士になるには…

消防士は自治体の消防本部で働く公務員なので、各本部の採用試験に合格しなければならない。一般教養や作文、体力などの試験があるが、各本部でちがうので募集内容を調べよう。学歴や資格は問われないことが多いが、身長や体重の制限があるケースも。女性もなることができる。

万一に備え、安全・安心を

損害保険会社営業マン

損害《そんがい》保険とは、将来《しょうらい》起きるかもしれない危険《きけん》に備《そな》えあらかじめ掛《か》け金を支払《しはら》い、事故や災害に遭《あ》った場合に一定のお金を受け取れる仕組みのこと。身近なものに車の保険があります。

大学3年の夏休みに、大手メーカーでインターンシップ（就業《しゅうぎょう》体験）をしました。日本のものづくりのすごさを肌《はだ》で感じ、「日本の技術が世界でもっと評価されるために貢献《こうけん》したい」と思いました。そして、特定の業界ではなく、いろいろな業種の会社とかかわれる仕事をしたいと、損害保険会社を就職先として考えるようになりました。

お客さんの悩み知る努力

今は神戸支店で、市内の会社とそこで働く人たちに向けて保険を販売《はんばい》しています。お客さんと一緒《いっしょ》に、事故が起きない仕組みをつくる仕事もしています。毎日お客さんのもとを訪《たず》ね、会社にいるときは問い合わせへの対応や、新しい仕事のための準備、書類づくりをしています。

学生時代と違《ちが》って、仕事では自分一人で解決できることはほとんどありません。担当《たんとう》企業《きぎょう》をよい方向に導くために、どういう人に相

元気よく自転車にまたがり、営業へ。お客さんと頻繁に顔を合わせて話をするからこそ、やるべきことが見えてくる
＝神戸市中央区海岸通7　（撮影・飯室逸平）

談し、どんな助けを借りればいいのか、常に考えています。

保険は安全・安心を得るために加入するもので、お客さんは保険会社を頼《たよ》りにしてくださっています。期待にこたえるためには何よりもまず、お客さんを徹底的《てっていてき》に知る必要があります。そうすることで、各企業の悩《なや》みや困《こま》りごとが見えてきます。

東日本大震災《だいしんさい》の発生直後、岩手

戸田剛太さん(25)

（神戸市中央区）

★ ★ ★

とだ・こうた
大阪府枚方市出身。寝屋川高校、同志社大学法学部卒。2009年４月に東京海上日動火災保険に入社。

損害保険会社営業マン

県釜石市《かまいしし》に派遣《はけん》され、保険金支払いのための調査に当たりました。深い傷《きず》を負った被災地《ひさいち》の現実を前に、あらためて保険の果《は》たす役割の大きさを思いました。

理想は、お客さんにとって最もよい方法を考え、行動し、最適《さいてき》な商品をお届《とど》けできる営業マン。将来は、世界を舞台に働きたいと考えています。「保険」という考え方がまだない国・地域で、一から保険の仕事に携《たずさ》わってみたいですね。そのための語学の勉強を、仲間とともに続けています。

（聞き手・ライター藤本陽子）

2012・3・25

保険のハンドブック、電子辞書のほか、グローバル化が進む中、英語の教材も必須アイテム

適性をチェック!

- □ 相手の立場に立って誠実《せいじつ》に行動できる
- □ 何事にも問題意識を持ち、自ら目標を定められる
- □ バイタリティー（活力）を持って主体的に行動できる

こぼれ話

「物件調査」で思わぬ発見や驚き

最適な保険を提案するため、お客さんが所有するビルや工場などを細かく調べる「物件調査」は、一般の人が立ち入れない〝舞台裏《ぶたいうら》〟を見て回る仕事。とても大切な業務で気合が入るのですが、いつも思わぬ発見や驚《おどろ》きがあります。三宮駅前の、とある高層ビルの調査のときには屋上にも上がりました。そこから見た神戸の山と海。感動的なまでに美しい眺《なが》めをひととき楽しめたのも、今の仕事のおかげです。

保険営業マンになるには…

会社によって採用条件は異《こと》なるが、大卒か短大卒以上の学歴が必要となる場合が多い。入社段階で特定の資格を持っていなくても、業務の合間を利用して保険営業に必要な「損害保険募集人資格」「生命保険募集人資格」などの資格を取得していける。教育研修制度や福利厚生などは、比較的充実《ひかくてきじゅうじつ》している。

一人でも多くの人助けたい

弁護士

トラブルに巻《ま》きこまれた人を助けたり、トラブルの発生を事前に防いだりするのが弁護士の仕事です。弁護士を目指そうと考えたのは高校生のころでした。困っている人を助けられることや組織に属さず個人で働けることに魅力《みりょく》を感じました。弁護士になるには、年に一度行われる司法試験に合格しなければなりません。当時は、1000人が受験して3人も受からない超難関《ちょうなんかん》。根気よく何度も受験するのが当たり前とされていました。

大学2年から本格的に勉強を始め、3年のときに初めて受験しました。試験は1次から3次試験まであり、すべてクリアしなければなりません。最初の3年は、毎回1次で落ちてしまいました。

根気よく勉強、超難関を突破

試験がうまくいかなかったときは「永遠に受からないのではないか」と弱気にもなりましたが、それを打ち消したのは「絶対に弁護士になる」という強い気持ちでした。毎日8~9時間の勉強を重ねるうちに、確かな手ごたえを感じるようになりました。

6度目の挑戦《ちょうせん》で合格。司法修習生として1年半の勉強を積み、弁護士バッジを手にしました。それ

神戸地方裁判所は事務所のすぐそば。神戸を開業の地に選んだのは、異国情緒あふれる街の雰囲気が好きだからという
＝神戸市中央区橘通2
（撮影・飯室逸平）

富田智和さん(34)

（神戸市中央区）

★ ★ ★

とみた・ともかず
徳島県鳴門市出身。関西学院大学大学院法学研究科博士課程前期修了。2005年10月に弁護士登録。

から4年半、明石市内の法律事務所に勤務し、32歳のとき、修習時代の同期の弁護士と神戸市内に「神戸そよかぜ法律事務所」を開きました。

これまでの仕事で特に思い出深いのは、会社に出資している株主《かぶぬし》が、会社を代表して役員らの経営責任を追及《ついきゅう》する「株主代表訴訟《そしょう》」です。長期の裁判《さいばん》を経てよい結果を得られたとき、苦労が多かった分、大きなやりがいを感じました。

依頼者《いらいしゃ》からの感謝の

弁護士

言葉は、本当にうれしいものです。反対に、裁判結果によっては悔《くや》しい思いをすることもあります。

よい結果を得るためには、何より依頼者とのコミュニケーションが大切です。相手の話をよく聞き、思いや考えをくみ取るようにしています。

世の中の変化に合わせて法律も変わっていきます。対応していくことは大変ですが、一人でも多くの人を助けるため、力を尽《つ》くしていきます。

（聞き手・ライター藤本陽子）
２０１２・５・27

基本的な法令を収録した六法全書や、通し番号が付き、身分証明になる弁護士バッジは必携品

適性をチェック!

- □ 紛争《ふんそう》や依頼者《いらいしゃ》の本質を知ろうとする強い好奇心《こうきしん》がある
- □ 相手の話を冷静に聞き、話し合い、関われる
- □ ストレスに負けない精神力がある

こぼれ話

法廷外でも多様な仕事が

弁護士といえば、法廷《ほうてい》での姿をイメージされる方が多いかもしれません。法廷はもちろん大切な仕事場ですが、裁判に向けて事務所で依頼者と打ち合わせをしたり、調査して書面をつくったりするなど、法廷外でも忙《いそが》しく過ごしています。皆《みな》さんが想像される以上に、人と会って話すことが多い職業です。それを実感したのは、故郷徳島《こきょうとくしま》の法律事務所で実地研修を積んだ修習生時代でした。いかに人と向き合うかが、弁護士には求められます。

弁護士になるには…

法科大学院を修了後、司法試験に合格し、司法研修所を修了しなければならない。法科大学院に行かず、予備試験を受験して司法試験受験資格を得る方法も。近年、司法制度改革で弁護士数が急増し、新人弁護士の就職事情は厳しくなっている。

神戸そよかぜ法律事務所　TEL078･360･3655

お客さんの希望を具体化

システムエンジニア

コンピューターで社会を便利に

パソコンや携帯電話《けいたいでんわ》で飛行機や新幹線のチケットを購入《こうにゅう》したり、銀行に行かなくても預金残高が確認できたりするのは、コンピューターのおかげです。そのコンピューターをくらしや仕事に役立てるための仕組み「コンピューターシステム」を設計するのが、システムエンジニア（ＳＥ）の役割です。

学生時代を送った１９９０年代半ばに、画期的なオペレーティングシステムが発売されました。それによってコンピューターが限られた人のものから、誰《だれ》もが使えるものとなり、急速に普及《ふきゅう》。そうした状況に将来性を感じ、ＳＥを目指すようになりました。

大学卒業後、大手メーカー系のシステム開発会社に就職《しゅうしょく》。新人のころは毎日、電話１本でお客さんの元に駆《か》け付け、トラブルの対応に当たっていました。知識・経験不足から解決できず、訪《たず》ねるのがおっくうになったことも。それでも、先輩らに助けられながら経験を積み、ＳＥとして成長してきたと思います。

私たちの直接のお客さんは企業《きぎょう》です。その会社や業界の現状、困《こま》っていることなどを詳《くわ》しく聞き取

進行中のプロジェクトについて開発メンバーと打ち合わせる占部さん（中央）
＝大阪市北区堂島1、シナジーマーケティング　（撮影・山口　登）

り、どのようなシステムを開発すれば仕事の効率を高められるかを一緒《いっしょ》に考えます。このときに求められるのが、設計に関する知識と技術。これらがなければ、お客さんの複雑で高度な要求に応えることはできません。

業界にはたくさんの会社があり、大勢のSEが働いています。キャリアを積み、自分の能力や得意分野をより生かせる会社に転職する人は多いです。私も4社目。現在はSE

占部　稔さん(38)

（大阪市）

★★★

うらべ・みのる
広島県出身。1997年関西大工学部電子工学科卒業。2008年から現在のシナジーマーケティング勤務。芦屋市在住。

システムエンジニア

など開発メンバーを束ねる立場にあり、プロジェクトの進行を管理する仕事をしています。

システム設計は、お客さんが思う「あったらいいな」を形にする仕事。開発したシステムを使ったお客さんから「おかげで便利になったよ」と言われると、本当にうれしいです。これからも提供《ていきょう》するサービスで、社会をより便利で豊かなものにしていきたいですね。

（聞き手・ライター藤本陽子）

2012・11・4

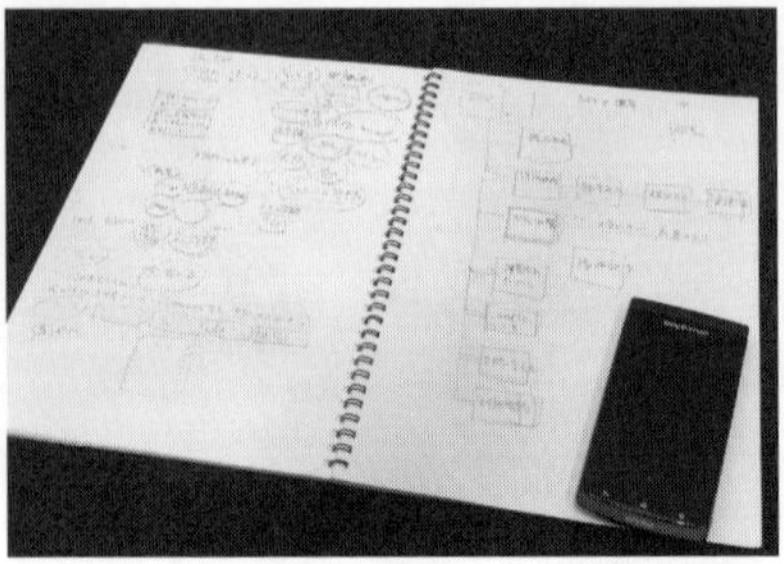

考えを整理するためのスケッチブックと、開発システムの動作確認に欠かせないスマートフォン

適性をチェック!

□ 論理的《ろんりてき》思考が求められる

□ 数字に対する苦手意識がない

□ 忍耐《にんたい》強く、協調性がある

こぼれ話

人と向き合う時間大切にする

常にパソコンモニターとにらめっこしているように思われがちなSEですが、個人的にはあえて機器から離《はな》れる時間を増やすよう、心がけています。仕事柄、さまざまな業種の方と話す機会があります。興味の対象を広げ、豊富な話題を持っていれば、どんなお客さんともスムーズにコミュニケーションがとれます。また開発はチーム作業なので、人間的な魅力《みりょく》や度量がなければ、メンバーを統率していくことができません。そのために、日ごろから人と向き合って話す時間を大切にしています。

SEになるには…

電子系専門学校や大学などを卒業後、IT関連企業や企業の情報管理部門に就職するのが一般的。新卒の場合、入社時点で特別な資格は必要ないが、SEの実務経験を積む中でIT関連の各種資格を取得し、スキルアップを図る。理系ばかりでなく文系出身のSEもいる。

充実した暮らしを支援

社会福祉士

介護サービスの相談や助言行う

体が動きづらくなった高齢者《こうれいしゃ》は、自宅に閉《と》じこもりがち。でも、それでは体力が低下し、気分も晴れません。そこでお年寄りを日中受け入れ、入浴や食事などのサービスを提供《ていきょう》するのが「デイサービス」です。

そのデイサービスで、ご本人や家族がどんなサービスを望むかを聞き取ったり、利用を前に契約書《けいやくしょ》を交わしたりする生活相談を担当しています。

中学生のころ、父方の祖父が寝《ね》たきりになり、母が通いで介護《かいご》をしていました。祖父の状態が良かった日は、そのことを母はとてもうれしそうに話してくれました。

そんなことも影響《えいきょう》したのでしょうか。高校時代、担任《たんにん》の先生から「福祉《ふくし》分野が向いているのでは」とアドバイスされ、従《したが》うことに。

福祉サービスを必要とする人の相談に応じ、助言や援助《えんじょ》を行う社会福祉士を目指すようになりました。

大学を卒業し、今の施設《しせつ》に就職《しゅうしょく》。最初の6年半は特別養護老人ホーム部門に所属し、入居するお年寄りのお世話をしました。社会福祉士としての採用だったので、必ずしも介護経験は必要なかったので

利用者の様子が見渡せる場所にあるデスク。一人一人の様子に注意を払う
＝姫路市飾磨区阿成植木、デイサービスセンター「しかまの里」
（撮影・立川洋一郎）

大関法光さん(34)

（姫路市）

★ ★ ★

おおぜき・のりみつ
埼玉県出身。日本福祉大学社会福祉学部卒業。2001年に社会福祉法人敬寿会「しかまの里」に就職。介護福祉士の資格も持つ。

すが、自ら最前線での勤務《きんむ》を希望しました。最初は食事や入浴介助がうまくできず、夜勤は体にこたえました。でも、お年寄りとふれあう中で、介護される側の気持ちなども学べました。

　社会福祉士本来の仕事をするようになったのは5年前。１００人を超《こ》える利用者一人一人のデイサービス利用状況を把握《はあく》し、何げない会話をしながら、日常生活で困っていることがないかなどにも注意を払っています。

私たちは、利用者に充実《じゅうじつ》した暮《く》らしを送ってもらうために介護サービスを提供しています。最初は緊張《きんちょう》していたお年寄りが、しだいに打ち解けて笑顔を見せてくださると、うれしいですね。地域のお年寄りが、いつまでも健やかに安心して暮らせるよう、がんばっていきます。

（聞き手・ライター藤本陽子）

2012・12・2

日々の仕事内容を記した日誌と介護報酬計算のためのハンドブック

適性をチェック!

- □ 誰《だれ》とでも抵抗《ていこう》なく話せる
- □ 他人のために何かしたいという気持ちがある
- □ 責任感が強く、約束を守るために努力できる

こぼれ話

得意の音楽でパフォーマンスも

介護の世界で働く人は、他人を楽しませることが得意な人が多いなと感じます。私も人前でのパフォーマンスが苦手ではありません。高校時代は演劇部に所属、中学生のときに始めた音楽活動を今も続けています。外出行事などでデイサービス職員が手薄《てうす》になるときが、私の出番です。ギターで唱歌などを弾き、利用者のみなさんと一緒《いっしょ》に歌います。なかでも「ふるさと」はとても人気があり、大合唱になります。

社会福祉士になるには…

福祉系大学などで学ぶか、一定の実務経験を積み、年1回行われる国家試験に合格する必要がある。就職先は行政機関、福祉施設、医療機関など幅広いが、生活相談自体は社会福祉士の資格がなくてもできる。

あらゆる技術を集め、製品に

電機メーカーエンジニア

光ケーブルで世界つなぐ

インターネットやテレビの海外中継《ちゅうけい》、国際電話などの「国際通信」。現在、その99％が世界中の海底に張り巡《めぐ》らされた光ファイバーケーブルを通じて行われています。通信会社向けに、その仕組みを設計・提案する「光通信システムエンジニア」の仕事をしています。

子どものころから理科が好きで、トランジスタやモーターを使った工作を楽しんでいました。大学は工学部へ。講義で、光の性質を使って情報を伝える「光通信」を知りました。インターネットはまだ普及《ふきゅう》していませんでしたが、将来《しょうらい》性《せい》を感じ、大学院で専門的《せんもんてき》に学ぶことにしました。

就職《しゅうしょく》にあたり、今の会社が光通信事業を手掛《てが》けていることを知り、ぜひ働きたいと思いました。入社後、光海底ケーブルシステムの開発を担当《たんとう》。学生時代の「学問としての研究」と違《ちが》って、すぐに社会で役立つ研究にやりがいを感じました。

入社3年目ぐらいまでは先輩《せんぱい》がサポートしてくれたので、あまり苦労した記憶《きおく》がありません。ところが経験を積み、一人前と認《みと》められるようになると、急に仕事の量

宗平浩明さん(40)

（尼崎市）

★★★

むねひら・ひろあき
大阪府出身。同府立茨木高校、大阪大学大学院工学研究科電気工学専攻修了。1998年４月に三菱電機入社。尼崎市にある同社コミュニケーション・ネットワーク製作所勤務。

光海底ケーブルの通信状況確認装置の前で業務に当たる宗平浩明さん
＝尼崎市塚口本町8、三菱電機コミュニケーション・ネットワーク製作所
（撮影・宮路博志）

が増えたり、難易度《なんいど》が上がったりして大変でしたね。

仕事には常に期日があり、休日返上で開発に取り組むことも。試作段階で機械が設計通りに動かないときは、どこに改善点《かいぜん》があるのか、冷静に論理的《ろんりてき》に考えます。根気の要る作業ですが、これを避《さ》けては通れません。

深い所で海底8千メートルの場所にある光海底ケーブルは、目には見えませんが、世の中を

電機メーカーエンジニア

支える「縁《えん》の下の力持ち」。この技術のおかげで、快適な生活が成り立っているのです。ものづくりはいろんな技術の組み合わせ。その結晶《けっしょう》が製品です。

通信ニーズは、今後ますます伸《の》びるでしょう。世界最先端《さいせんたん》の光通信技術を使って、社会を良くする手助けをしていきたいと思っています。

（聞き手・ライター藤本陽子）
2013・11・3

光海底ケーブルシステム開発で欠かせない関数電卓（右）と、海外出張時によく使う電子辞書

適性をチェック!

- □ 好奇心旺盛で実験やものづくりが好き
- □ 仲間と協力して物事をやりとげられるこうきしんおうせい
- □ 順序立てて論理的にものを考えられる

こぼれ話

海外出張多く1～2カ月滞在

外国の通信会社との取引が多く、よく海外に出張します。光海底ケーブル関連の自社製品を納《おさ》める場合、設置場所は決まって海辺。といっても、訪《おとず》れるのはバカンス客がいるような有名ビーチでなく、ガイドブックに載《の》っていない場所ばかりです。長くなると、滞《たい》在《ざい》期間は1～2カ月に。「日本人に会うのは初めて」という現地の人たちと、お互《たが》いに簡単な母国語を教え合うなど文化交流するのが楽しいですね。

エンジニアになるには…

特に必要な資格はないが、大学の理工系学部などを卒業していることが求められる場合が多い。入社後、研修・実務経験を積んでエンジニアとして育っていく。グローバルに活躍するためには、語学ができると有利。

「笑顔を撮る」こだわり貫く

写真館経営

最近の10年間で、写真館の仕事はすごく大変になりました。

私が23年前、大学を卒業して父親から写真館を継《つ》いだころは、フィルムの現像だけでかなりの売り上げがありました。ところが、デジタルカメラが普及《ふきゅう》すると現像の必要がなくなり、収入が3分の1ぐらいに減りました。店を続けていくのは難《むずか》しい状況《じょうきょう》でした。

そこでまず考えたのは、自分の強みは何かということ。結論《けつろん》は、お客さんに話しかけて、いい表情の写真を撮《と》ることだと思いました。これからはポートレート（人物の写真）を中心にやっていくことに決めました。

独自の挑戦、逆境を克服

次に、自分に味方してくれる人を増やし、長所をどんどんアピールしようと考えました。そのために「Ｏｔｔｉ（オッティ）」という無料の美容情報誌《し》を始めました。

表紙の写真は、３人組のカリスマモデル「ＪＡＭ《ジャム》」のうち２人にお願いして撮影《さつえい》しました。３万部作って、街頭で配ったり、顔なじみの店に置いてもらったりしました。ＪＡＭみたいに撮ってもらえると評判になり、店の広告写真の依頼《いらい》も増えました。

航空会社を受験する女性に立ち姿などの指導をする赤松隆さん
＝神戸市東灘区岡本1
（撮影・宮路博志）

私の写真館がある神戸・岡本は学生が多い街です。そこでオッテイでも就活《しゅうかつ》特集をして、印象をよくする表情のつくり方などをアドバイスしました。うちで写真を撮ると宝塚《たからづか》音楽学校の合格率《りつ》がいいという口コミも広がって、学生のお客さんが急増しました。今では就活講座《こうざ》の講師として招かれることも多いです。

一昨年の売り上げは、現像の仕

赤松隆さん（48）

（神戸市東灘区）

★ ★ ★

あかまつ・たかし
神戸・岡本生まれ。本山中、仁川学院高、大阪芸大写真学科卒。受験・就活用の写真で人気を呼ぶ。

写真館経営

事が多かったころに追い付きました。枠《わく》にとらわれずに、いろんな挑戦《ちょうせん》をしたのがよかったと思います。

とはいっても、写真館の仕事はやはりカメラの腕前《うでまえ》が重要。私も、もっと写真がうまくなりたいと考えて、街の新しい魅力《みりょく》を伝えられるようなスナップ写真を撮り続けています。私のライフワーク（一生の仕事）ですね。

（聞き手・田中伸明）

2011・6・5

撮った写真はパソコンに取り込み、
お客さんに選んでもらう

適性をチェック!

- □ いい笑顔をつくれる。お客さんも自然と笑顔になります
- □ 観察力がある。どの角度からの表情が一番いいかわかる
- □ 想像力が豊か。いろんな状況の写真をイメージできる

こぼれ話

いい写真には人を変える力が

高校、大学受験用の証明写真も、写真審査《しんさ》はなくても、なるべくいい表情で撮るように心がけています。受験勉強は大変なので、表情が硬《かた》く、髪《かみ》もぼさぼさの女の子もいますが、いろいろ話しかけて髪を整えると、表情ががらっと変わるんですよ。できあがった写真がすごく気に入って、自分に自信を持てるようになった人もいます。いい写真には、写っている人を変える力があります。

写真館経営者になるには…

写真の技術は不可欠で大学や専門学校で学ぶ人が多い。「写真技能士」の国家資格を取る人も。大きな写真館に勤め、独立資金をためるのが一般的。メークや着付けのサービスをする写真館も増え、経営には工夫が必要。
settsu studio(セッツ・スタジオ)　TEL078・451・1601

一歩進んだサービスを心がけ

ホテルマン

学生時代、飲食店のアルバイトで接客した経験が、サービス業に就《つ》きたいと思ったきっかけです。より質の高いもてなしが提供《ていきょう》できると考え、ホテルに就職しました。最初の勤務先《きんむさき》では、お客さまの荷物を運ぶベルボーイや宿泊《しゅくはく》業務を担当するフロント、宴会《えんかい》の給仕などを経験しました。

格式あるサービスを学ぶうちに、リゾートホテルでのフレンドリーなもてなしにも興味が湧《わ》きました。大学での留学経験で身につけた語学力を生かし、2002年にタイ・サムイ島のリゾートホテルに転職。

「ありがとう」の言葉が励み

日本人旅行客を中心に、宿泊予約《よやく》や観光案内などを幅広く担当しました。あるお客さまに「鍋嶋さんがいる限り何度でも来ます」と言われたことが、今も心に残っています。

その後バンコクのホテルを経て、4年余り前から現在のホテルでフロントのマネジャーをしています。

主な仕事は、宿泊の手続きとお金の精算▽客室の割《わ》り振《ふ》り▽お客さまに聞かれた内容を、レストランなど該当《がいとう》する部署《ぶしょ》につなぐ―などです。いずれも正確さ、的確さが求められます。接客をしていな

鍋嶋正幹さん(36)

（神戸市中央区）

★ ★ ★

なべしま・まさき
和歌山県出身。専修大卒業後、1999年にパレスホテル東京に入社。2007年12月から神戸メリケンパークオリエンタルホテル。

フロントで観光案内する鍋嶋正幹さん。ホテル周辺の地理だけでなく、おいしい洋菓子店などの情報も詳しい
＝神戸市中央区波止場町5、神戸メリケンパークオリエンタルホテル
（撮影・岡田育磨）

いときには、宿泊客の情報を整理する作業などがあります。

観光やビジネスでの宿泊、披露《ひろう》宴《えん》への出席など、お客さまはさまざまな目的で来られます。スピード感のある応対や、記念日の過ごし方のアイデアなど、何を必要とされているかを考え、一歩進んだサービスを心がけています。その結果、「ありがとう」と喜んでもらえたとき、この仕事を選んでよかった、と実感します。

ホテルマン

現在は、後輩《こうはい》の育成にも力を入れています。仕事の経験に応じて毎月の目標を考えるのですが、人を育てる難しさや面白さなどを日々感じています。

人間ですから、体調のすぐれない日や、イライラするときもあります。そんなときは「お客さまから笑顔をもらおう」と考えるようにしています。笑顔のすてきな人に接すると、元気までもらえます。お手伝いをしているようで、実はお客さまに助けられているのです。

（聞き手・平井麻衣子）

2012・4・1

ホテル内の情報をびっしり書き込んだ手帳、領収書を書くときに日付を確認できる腕時計などは仕事に欠かせない

適性をチェック!

- □ 相手の思いをくみとり、対応できる
- □ いつも笑顔で。体力はもちろん、強い精神力が必要
- □ 外国語が話せると、海外で働くチャンスが広がります

こぼれ話

旅先のホテルのサービスから学ぶ

仕事柄《しごとがら》、ほかのホテルのサービスが気になり、休みの日に泊まりに行くことがあります。先日宿泊した沖縄県《おきなわけん》のリゾートホテルでは、係員が質問に答えてくれた後、さらに「ほかに何かありますか?」と、こちらを気遣《きづか》ってくれました。私たちのホテルでも取り入れたい、よいサービスだと感じました。フロントの仕事はカウンターの外に出られないので、旅館のお見送りのようなサービスは難《むずか》しいのですが、どうすればお客さまに気持ちよく滞在《たいざい》してもらえるか、いつも考えています。

ホテルマンになるには…

各ホテルが実施する採用試験を受ける。多くは、大学、短大、専門学校卒以上の人を採用している。ホテルや観光関連の学科を持つ専門学校や大学を卒業して就職する人も。経験者を対象とした中途採用も、不定期であるという。英検、TOEIC、ソムリエなどの資格があると、就職が有利になる場合もあるようだ。

接客の一番の基本は笑顔

百貨店員

初めてアルバイトをしたのは短大生のとき。大丸芦屋《あしや》店での紳士《しんし》服《ふく》の販売《はんばい》でした。お客さまと接する楽しさに加え、職場の人たちも優《やさ》しく、「百貨店で働きたい」という気持ちが自然と生まれて採用試験を受けました。

神戸店の紳士服飾《ふくしょく》部に配属され、約20年間、男性用の靴下《くつした》やバッグ、靴などの売り場を担当しました。ネクタイ紳士洋品売り場時代には、ネクタイや革《かわ》小物などの仕入れを手伝う「アシスタントバイヤー」という立場も経験しました。

昨年9月に子どもの靴やベビーカーなどを扱う子ども洋品売り場に異動《いどう》。以来、売り場全体をまとめる「マネジャー」を支える「チームリーダー」として、接客はもちろん、その日の売り上げ状況《じょうきょう》を職場のメンバーに報告したり、お客さまからの苦情に対応したりしています。

物を通して人とつながる喜び

売り場によって、にぎわう時間帯はさまざま。例えば子どものフロアには「これを買う」と決めたお客さまが朝から来られ、スピーディーな接客が求められます。以前いた紳士の売り場は夕方から閉《へい》店《てん》までが混《こ》み合い、「今日は下見」

夏の水遊びに使える靴を客に薦める堂本良子さん（左）
＝神戸市中央区明石町
（撮影・辰巳直之）

堂本良子さん(43)

（神戸市中央区）

★ ★ ★

どうもと・よしこ
西宮市出身。鳴尾小、鳴尾中、夙川学院高、同短大を経て、1990年に大丸に入社。

と言われることも。その人の求める色柄《いろがら》や使う目的を聞いて提案していました。

接客の基本は第一印象、笑顔です。仕事以外で嫌なことがあっても、売り場に出たら気持ちを切り替《か》えます。お客さまが探《さが》している物を早く見きわめ、的確に提案することも大切。でも、毎回百点満点の接客ができているかどうかは、何年働いても課題です。

お薦《すす》めした商品に満足して買ってもらえることが、一番の喜びで

百貨店員

す。先日は紳士の売り場時代のお客さまが、声を掛けてくれました。物を通して、人とのつながりも感じられる仕事です。

みんなが気持ちよく働けるよう、職場では話しやすい雰囲気《ふんいき》づくりを心がけています。私も困《こま》ったときは周りに相談して、問題を一人で抱《かか》え込まないようにしています。売り場にいると、喜びの方が断然多い。お客さまからも職場の仲間からも元気をもらえるこの仕事が大好きです。

（聞き手・平井麻衣子）
2012・6・3

仕事で使う電卓、身だしなみやフロアマップが書かれた手帳

適性をチェック!

- □ その人に合った商品を提案できる豊富な知識や感性
- □ 流行に敏感で、常にアンテナを働かせていられる
- □ 不規則な勤務時間や、力仕事に耐えられる体力は必須

こぼれ話

立ちっぱなしと力仕事で腰痛も

勤務《きんむ》時間は早番が9時半〜18時、遅番が11時45分〜20時15分です。出勤したら、まず事務所でメールや社内情報、前日の売り上げなどを確認《かくにん》します。開店前には売り場で「朝会」をして、予算などの情報を全ショップで共有します。仕事中はほとんど立ちっぱなしで、接客していると時間通りに休憩《きゅうけい》できないときもあります。売り場は華《はな》やかに見えますが、女性が多い職場ですから、力仕事も自分たちでやらなければなりません。重い段《だん》ボール箱や販売台の移動などで、腰痛《ようつう》になる人も多いです。

百貨店員になるには…

正社員として働くには、各百貨店の採用試験に合格しなければならない。近年は多くの会社が大学または大学院卒業の新卒を対象に実施している。経験者を中途で採用することも。このほか、派遣会社に登録して働く方法もある。百貨店に入っている化粧品やブランド店のスタッフは、各ブランドが採用した社員や、派遣社員であるケースが多い。

旅先での笑顔に力もらう

旅行会社営業マン

生まれ育った神戸の支店で「法人営業」を担当《たんとう》しています。会社や大学に職場旅行や研修旅行を提案・販売《はんばい》したり、出張に必要な切符《きっぷ》や宿の手配をしたりする仕事です。

高校時代、甲子園出場を目指して長崎の学校に野球留学しました。卒業後は親に経済的負担をかけたくなかったので、すぐに就職《しゅうしょく》するつもりでしたが、先生から夜間大学への進学を勧《すす》められ、その道を選びました。

早朝に神戸の自宅を出て、日中は京都の繊維《せんい》会社で仕事。終えると大学に直行して帰宅は深夜。野

多様化するニーズに対応

球で鍛《きた》えた体力、精神力で、なんとか乗り切りました。

仕事は楽しかったのですが、毎日特定の会社に決まった品物を届《とど》ける内容に物足りなさも。「もし旅行会社の営業マンだったら、道行く人すべてをお客さんにできるのに」という思いが芽生え、卒業前にあらためて就職活動をしました。

今の会社に入ってからはずっと同じ職場ですが、旅行会社には▽お店で一般《いっぱん》のお客さんに旅行や切符を販売▽小中高校に修学旅行を販売して同行（添乗《てんじょう》）する▽海外のお客さんに日本向けの旅行を販

ツアーパンフレットを前に話す谷川正夫さん。顧客に喜ばれるさまざまな商品を生み出している
＝神戸市中央区、JTB西日本神戸支店
（撮影・高部洋祐）

谷川正夫さん（36）

（神戸市中央区）

★ ★ ★

たにがわ・まさお
神戸市須磨区出身。同市立白川台中学校、私立長崎海星高校を卒業後、立命館大学２部経済学部を卒業。1998年にJTB西日本入社。

売―など、さまざまな仕事があります。

景気の影響もあり、業界の現状は厳《きび》しいです。求められる旅も多様化しているので、要望を丁寧《ていねい》に聞き取り、自社ならではの商品を提案していく姿勢《しせい》が欠かせません。

部下を束ねる立場になった今は、自ら営業に出かけるより、部下たちのサポートに回ることが多くなりました。

それでも時折、企画した旅に同行することがあります。細

旅行会社営業マン

かい目配りが必要で神経を使いますが、お客さんが楽しんでいる様子を見られることは大きな喜びです。得意先から「君がいるから君の会社に頼《たの》む」と言ってもらうこともあり、「自分という営業マンを買っていただく仕事だな」と実感します。

最終目標は、お客さんに満足してもらうこと。期待にこたえられるよう、いろんな商品をつくり出していきたいと思っています。

（聞き手・ライター藤本陽子）
２０１２・８・５

得意先との打ち合わせ内容などを書き込んだ手帳や旅行パンフレット

適性をチェック!

- □ 人と接することが好きで、話題を広げていくことが得意
- □ 人を喜ばせるために工夫し、がんばれる
- □ 相手が求めていることを感じ、それ以上の提案ができる

こぼれ話

後輩の遠征旅行　長年サポート

子どものころに入っていた硬式《こうしき》野球チーム「神戸須磨クラブ」は、2011年に全国優勝した強豪《きょうごう》。旅行会社に入って間もないころ、かつてお世話になった監督《かんとく》に呼ばれ、「親善《しんぜん》大会で台《たい》湾《わん》に行くので旅を企画《きかく》してほしい」と頼《たの》まれました。以来14年間、毎年旅のプランを練り、現地同行を続けています。一緒に旅をした後輩たちの中には甲子園で活躍《かつやく》したり、プロ野球入りしたりする人もいて、誇《ほこ》らしい限り。子どもたちの成長を間近で見られる幸せを、毎回かみしめています。

旅行会社に勤めるには…

旅行会社ごとに、主に４年制大学・大学院卒業の新卒を対象に実施する採用試験に合格する必要がある。資格として旅の企画立案や取引・実施など幅広い業務を扱う「旅行業務取扱管理者」があるが、持っていなくても差し支えない。

ＪＴＢ西日本神戸支店ＴＥＬ078･570･0150

新郎新婦の思いを形に

ウエディングプランナー

大好きな人と、心に残る結婚式《けっこんしき》と披露宴《ひろうえん》をしたいー。そんなカップルのために、どんな式にすれば満足していただけるかを考え、お手伝いするのがウエディングプランナーです。

式の当日まで、決めなければならないことは山ほどあります。招待状作り、料理、会場を飾《かざ》る花、司会の人、衣装《いしょう》、写真、引き出物…。その一つ一つについてお二人の希望を聞き、できる限りのサービスを心がけます。

この式場で働く前は、別の式場で衣装を担当《たんとう》していました。でも、

料理、衣装…細かくサポート

式全体にかかわることのできるこの職業にあこがれ、転職しました。ここは家族と来たことのある思い出のホテル。就職《しゅうしょく》したくて直接電話でアタックしたんです。やる気は買ってもらえたものの、最初は宴会《えんかい》予約係《よやくがかり》でした。でもあきらめませんでした。そこで学んだ電話の受け答え、言葉使い、接客の仕方などは、すべて今に役立っています。

ウエディングプランナーとしての仕事はまず、下見に来られた方に、式場や教会などを案内します。最初がとても大切。短時間で説明

披露宴会場のテーブル見本を前に、見学者に説明する加古明子さん（右）
＝神戸市垂水区東舞子町、シーサイドホテル舞子ビラ神戸

（撮影・岡田育磨）

加古明子さん(37)

（神戸市垂水区）

★ ★ ★

かこ・あきこ
姫路市出身。2001年7月から「シーサイドホテル舞子ビラ神戸」。現在、10人のウエディングプランナーを率いるチーフ。これまでおよそ800組の式を手がける。

を聞いて「いいホテルだな。感じのいい人だな。ここで式をあげようかな」と思ってもらいたいからです。

そのためには、相手の立場に立って、どんな式や披露宴にしたいのかを、会話や目線などから素早くつかまなければなりません。聞きたいのは料理や衣装のことか、式場についてなのか。どんな質問にも正確に答えられるためには、多くの知識

ウエディングプランナー

と経験が必要です。

　ここでの結婚式が決まれば、当日まで細かく相談にのります。出席者に食物アレルギーや体調に不安のある人はいないか、宿泊《しゅくはく》希望者はいるのかなどの気配りも欠かせません。どなたにも「いい式だった」と言ってもらえるのがお二人の願いであり、それぞれの新郎新婦らしい「おもてなしの心」を形にして伝えるのが私たちの仕事です。

　「加古さんが担当で良かった」と言ってもらえるようなサービスを心がけていきます。


（聞き手・鈴木久仁子）

2013・1・6

パンフレットやチェックリスト、担当したカップルから送られてきた色紙など

適性をチェック!

- □ 人に何かしてあげたり、喜んでもらうのが好き
- □ 新しいアイデアをどんどん出し、行動に移していける
- □ おおぜいの人と協力する協調性と責任感がある

こぼれ話

ゲストと考えるサプライズ企画も

結婚式で最近増えたのは「サプライズ企画《きかく》」。招待状を受け取った2人のお友達などから、直接電話がかかってきます。「新郎新婦には内緒《ないしょ》にして」と同級生にインタビューしたDVDの映像《えいぞう》を会場で流してほしいとか、プレゼントを渡《わた》したいなど。もちろん大歓《だいかん》迎《げい》で、一緒に効果的な方法を考えます。楽しいですね。

式が終わった後、当日の写真をはった色紙をいただいたり、新婚旅行のおみやげをくださったり、何年もたつのに年賀状のやりとりをしている方もいます。

ウエディングプランナーになるには…

特別な資格は要らないが、最近は大学や専門学校でカラーコーディネートや婚礼衣装、接客の心得など幅広く学んだ人を採用するところが多い。就職先は、ホテルや結婚専門式場のほか、ドレスショップ、宝石や装花などの関連業界など。ブライダルコーディネーターやブライダルプランナーともいう。

異なる言語の人をつなぐ

通訳

使う言語が異《こと》なる人たちが分かり合うために、その間に立ってコミュニケーションのお手伝いをするのが通訳《つうやく》の仕事。私は日本語と英語の通訳をしています。

一番の得意教科が英語で、高校時代に1年間米国に留学し、生きた英語にふれました。大学卒業後は航空会社で事務や営業などの「地上職」として働き始めました。

そのころ関西国際空港建設という大プロジェクトが進んでいました。経営陣《けいえいじん》が海外視察《しさつ》に行ったり、逆に海外から要人の訪問を受けたりすることがよくありました。開

常に知識を増やす努力を

港に向け華《はな》やいだ空気の中で、社員の立場で通訳の仕事をする「社内通訳」の経験を積みました。

その後、夫の米国留学が決まり、退職して私も留学することに。帰国後、再び働きたいと思いましたが、既婚《きこん》の30代女性を雇《やと》ってくれる会社はなかなかありません。そこで思い切ってフリーの通訳に。フリーの場合、通常は通訳紹介《しょうかい》事務所に登録し、そこを通じて仕事を受けます。

私も事務所に登録しましたが、当初は不況《ふきょう》で仕事が少なく、苦労しました。根気よく待ち、頼《たの》まれ

「通訳はサービス業。依頼者に満足してもらうことが最終目標」と話す清水宏子さん
＝神戸市東灘区向洋町中2、神戸ベイシェラトンホテル&タワーズ
（撮影・中西幸大）

清水宏子さん

（芦屋市）

しみず・ひろこ
神戸女学院中・高校を経て、同大文学部英文学科を卒業。日本の航空会社勤務後、米国留学を経てフリー通訳に。芦屋市在住。

た仕事には誠実《せいじつ》に取り組みました。そうすることで信頼を獲得《かくとく》し、安定的に仕事を紹介してもらえるようになりました。

今は「会議通訳」として、国際会議の同時通訳、講演会やセミナーの通訳をしています。専門性《せんもんせい》の高い内容が多く、毎回難《むずか》しい単語を頭にたたきこんで臨《のぞ》んでいます。日頃《ひごろ》からできるだけ多くのニュースにふれ、自分の〝引き出し〟を増やす努力が欠かせません。

通訳

通訳は、話す人の言葉をどこまでも忠実《ちゅうじつ》に訳さなければなりません。依頼《いらい》者《しゃ》に存在《そんざい》を忘《わす》れさせてしまうのが理想ですね。自分の通訳で人々が分かり合えたり、重要な契約《けいやく》が成立したりしたときは、とてもうれしいです。

近ごろは英語を話す人が増えているので、「さすがプロ」と思っていただける仕事をしなければと考えています。引き続き努力していきます。

（聞き手・ライター藤本陽子）

2013・5・5

仕事に欠かせない電子辞書やタブレット端末、専門書、タイマーなど

適性をチェック!

- □ 好奇心《こうきしん》を持ち、新しいことに挑戦《ちょうせん》していける
- □ 生真面目《きまじめ》さと同時に、失敗を引きずらない潔《いさぎよ》さがある
- □ どんな状況《じょうきょう》にも慌《あわ》てず、臨機《りんき》応変《おうへん》に対応できる

こ ぼ れ 話

チョコレートで短時間に栄養補給

通訳の仕事は、かなり体力を使います。早朝からいろんな現場に詰《つ》め、夜中まで続く会議で仕事をすることもあります。常に全身を耳のようにして音を聴《き》いているので、とても疲《つか》れます。特に疲労度《ひろうど》が高いのが、国際会議などの同時通訳。集中力を保つため、複数の通訳が待機し、15分ごとに交代で通訳します。自分の番が終わると、急いでチョコレートを口に放り込んでエネルギーを補給《ほきゅう》。脳《のう》の働きを良くして次の番に備えます。

通訳になるには…

特別な資格は不要だが、流ちょうかつ正確に日本語・英語をあやつれる必要がある。通訳養成学校に通って専門訓練を積む人が多い。とりわけ特別な技能が求められる同時通訳は、業界の最高峰《さいこうほう》。

生き物の命扱う大切な役目

獣医師

動物のけがや病気を調べたり、治したりするのが獣医師《じゅういし》の主な仕事です。ぼくが加古川市で動物病院を開いてから、今年で36年になります。

朝8時すぎに病院に来て、夜9時半ごろまで働きます。みたり治したりするのは、ふだんの時で80匹《ひき》ぐらい。予防注射《ちゅうしゃ》の多い4〜6月はその2倍です。手術は少ない時で1、2件、多い時は6件ぐらいこなします。

最近は、糖尿病《とうにょうびょう》やがんになる動物が増えて、交通事故によるけがは減りました。手術は、イヌやネ

多い時は1日160匹対応も

コが増えすぎないようにする去勢《きょせい》や避妊《ひにん》が一番多いです。

休みの日も病院に顔を出して、入院している動物のようすを観察します。だから、遠いところに旅行はできません。

獣医師《じゅういし》になりたいと思ったのは、会社に勤《つと》めるより、自分でなんでもやりたかったから。近くに獣医《じゅうい》学科《がっか》のある大学がなかったので、岩手県の大学に入りました。

当時の獣医学科《じゅういがっか》は4年間のコース。いまは6年間になりましたが、それだけでは一人前になれません。ぼくは大学生の時から動物病院で

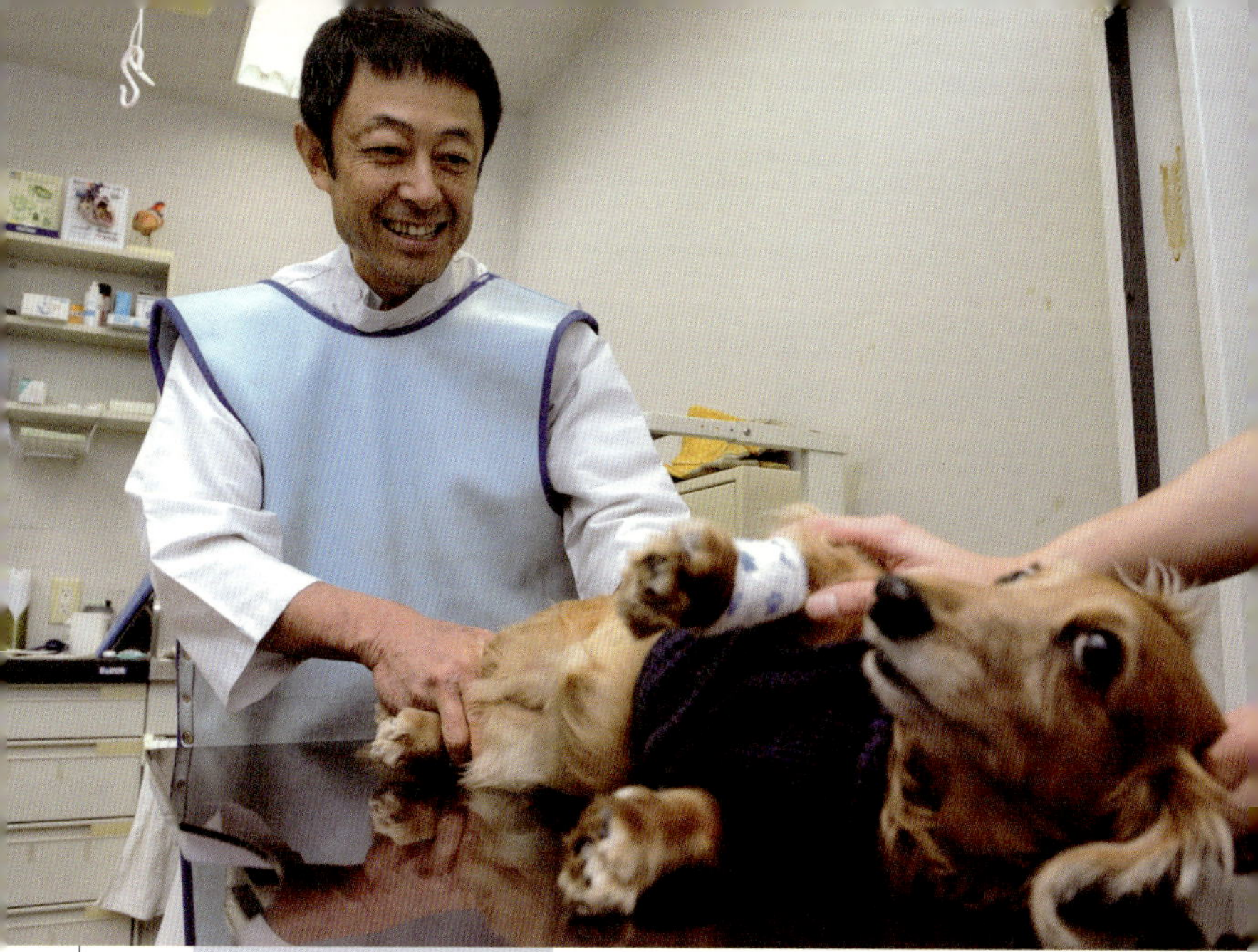

毎日たくさんの動物を診察する池沢卓美さん
＝加古川市加古川町平野、池沢動物病院　（撮影・内田世紀）

池沢卓美さん(60)

（加古川市）

★ ★ ★

いけざわ・たくみ
高砂・宝殿中、加古川東高を経て岩手大を卒業。手術で４種類のメスを使い分ける名人

アルバイトをして、手術の技術を学びました。卒業した後も、大阪府の動物病院で見習いとして働いて、腕《うで》を磨《みが》きました。

自分で病院を開いたころは、伝《でん》染病《せんびょう》などが悪化して治せない動物が来ることが多かった。苦しまないように安楽死《あんらくし》させたこともありますが、やはりつらいですね。

逆に病気やけがが治った後、予防注射《ちゅうしゃ》などで通ってくれて、元気なようすを見るのが一番うれしいです。最近は飼い主が健康管理に気をつけるようになり、長く付き合えるイヌやネコが増えたのでやりがいがあります。

いまの社会では、ペットは家族と同じたいせつな存在《そんざい》になっています。だから、ペットが死ぬと、飼い主はすごく落ち込んでしまう。こういう人を励《はげ》ます役目も、最近は意識しています。

獣医師《じゅういし》の資格をとっても、ぼくみたいに病院を開く人は一部です。食肉センターや保健所に就職する道もあります。動物を助ける仕事とはいえないかもしれませんが、どれも動物の命を扱《あつか》うたいせつな役目です。

（聞き手・田中伸明）

2011・2・27

適性をチェック！

- □ 動物が好きなこと。きらいだとしんどい仕事です
- □ いそがしくても平気。休みがなくてもがまんできる
- □ いつも前向き。すぐに気持ちを切りかえられる

こぼれ話

動物好きだけどは虫類は苦手…

いろんな動物を診察《しんさつ》しますが、実は苦手なのがあるんですよ。ウサギは飼っている人が多いし、かわいいのですが、治療《ちりょう》した後に、くしゃみや鼻水が出て困《こま》ります。たぶん、ウサギの毛にアレルギーがあるんでしょうね。イグアナやヘビなど、は虫類《ちゅうるい》も好きにはなれません。大きなニシキヘビを診察《しんさつ》したことがありますが、さわったら冷たいんです。ぞくっとしました。でも、自分のわかる範囲《はんい》であれば、できるだけ多くの種類の動物を治したいと思っています。

獣医師になるには…

まず岐阜大、大阪府立大、鳥取大など獣医学科（部）のある大学を卒業し、さらに国家試験に合格しなければいけません。動物病院は、保険制度が十分でないので、経営には努力が必要。ほかの就職先は動物園や水族館、製薬会社などがあります。

池沢動物病院　TEL079・423・9939

おいしい食卓につながる喜び

農家

淡路島特産のタマネギやレタスをはじめ、キャベツやキュウリ、トマトなどを作っています。農協にも勤《つと》める兼業《けんぎょう》農家で、母親や手伝いの人たちと一緒《いっしょ》に、約70アールの農地を耕しています。

春はタマネギや春キャベツ、夏は夏野菜、秋はレタスなどの葉物《はもの》ーと、1年間ずっと植え付けや収《しゅう》穫《かく》が続きます。タマネギだけでも多くの種類があって、最近はサラダとして生でも食べやすい種類が人気なので、それを多く作っています。

農繁期《のうはんき》には午前5時に起きて作

「体験農場」も開催

業し、6時半には農協の仕事へ。帰宅後ももちろん畑に行きます。日々の作業では収穫や植え付けのほか、消毒《しょうどく》や肥料入れ、草抜きなどもします。

農業の最大の魅力《みりょく》は、やはり収穫です。成長の喜びを感じ、実際に食べて味の良さが実感できれば、本当にうれしい。消費者のおいしい食卓《しょくたく》に役立つことが、何よりの喜びだからです。

一方で、決まった休みがないのはやはり大変です。土が付くからきれいな仕事でもないし。また、1人で孤独《こどく》に作業するのはとても

「タマネギは不眠症にも効果があるそうです。悩む人はぜひ収穫に来てください」と話す土居利幸さん
＝南あわじ市賀集福井

（撮影・山口　登）

土居利幸さん(49)

（南あわじ市）

★ ★ ★

どい・としゆき
南あわじ市出身。賀集小・中、三原高、関西大を卒業。地元の高萩営農研究会のリーダーを務める

しんどいです。同じ仕事でも、仲間と一緒にやると全然違《ちが》うんですよね。

もともと父親が農家をしていて、小さいころからこの仕事に親しみを感じていました。大学を卒業後、農協に就職し、父親の後を継《つ》いで兼業農家になりました。タマネギが淡路の特産になって100年以上。栽培《さいばい》農家の高齢化《こうれいか》などに直面する地元のタマネギを、何とか守りたいと思います。

好きな言葉は「農は

脳《のう》なり」。周辺の農家と協力して、植え付けや収穫をしてもらう「体験農場」を昨年から本格的に始めました。消費者や都市部の住民との交流を深め、若者が農業と接する機会を増やしたいです。

タマネギ畑には、タマネギを干《ほ》す小屋が数多くあります。そこを利用してレストランや交流施設にすることも考えています。ヒット商品となる加工品などもどんどん考えていきたいです。

（聞き手・吹田　仲）
2011・5・22

体験農場で、近くの宿泊施設の客に収穫法を指導する土居さん

適性をチェック!

- □ やはりまずは体力。早寝早起きできるかな？
- □ 収穫物の魅力を発信していける知識や感性がある
- □ 作業効率や農作物のＰＲ方法を考えられる経営感覚

こぼれ話

自分仕様に改造「アルミ四輪」

タマネギ農家にとって、不可欠な農具の一つが「アルミ四輪」です。アルミの四角い枠《わく》組みの下に、自転車の車輪が四つついています。タマネギは通常、電動機械で土を掘《ほ》り起こして収穫するのですが、雨などが降ると使えません。そんなときにこのアルミ四輪にかごを乗せて、手掘りしたタマネギを入れていきます。畝《うね》の幅《はば》に合わせて車輪の幅を調整するなど、各農家がそれぞれ改造して使っているんです。

農家になるには…

農家に不可欠な資格は特にない。これまでは農家の子どもが家業を継ぐことが多かったが、最近は定年帰農などさまざまなケースが増えている。農地取得には規制などがあるため、これらも含めて、まずは農業関連団体などの体験研修に参加するなど、情報収集から始めるのがいい。

伝統のタコ漁にやりがい

漁師

祖父も父親も漁師で、明石沖《おき》でタコなどをとっていました。地元の高校を卒業して大学の電子工学科に進学した時は、漁師になるつもりはありませんでしたが、だんだん考えが変わりました。

明石では弥生《やよい》時代からタコつぼを使った漁が行われていました。大昔から引きつがれてきた仕事を、自分がするのも悪くないなと思いました。21歳《さい》で大学を中退し、本格的に海に出ました。

タコ漁には「手繰《てぐ》り網《あみ》」を使います。船を旋回《せんかい》させながら網を入れ、海底近くのタコを追い込みます。

海の保全や魚介PRにも力

す。いい場所は「早い者勝ち」なので、早起きした人が得をします。

一番うれしいのは、やはりたくさんとれた時。1回の漁で100キロを超《こ》える時もあります。明石のタコは味が良く、高値で取り引きされるので、やりがいがあります。特に7、8月は、梅雨《つゆ》の雨を吸《す》って一番おいしくなる時期です。

でも今年はとれる量がすごく少ない。冬が寒かったので、水温が下がりすぎてタコが死んでしまったようです。自然が相手なので、思い通りにはいきません。

だから、巣に卵を産んだタコや

水揚げしたタコを掲げる山本章等さん。いったん手前のおけに入れ、元気にさせる
＝明石沖の播磨灘

小さいタコはつかまえても逃《に》がして、タコがふえるようにしています。漁獲高《ぎょかくだか》を安定させるため、ノリの養殖《ようしょく》に力を入れています。

漁は、社会情勢にも左右されます。最近は原油価格が高くなって、船を動かしたり、ノリを乾《かわ》かしたりする燃料費がかさんで大変です。

食生活の変化にも影響《えいきょう》されます。日本人が魚をあまり食べなくなったので、値段がどんどん下がって

山本章等さん(55)

(明石市)

★ ★ ★

やまもと・あきら
二見中、明石南高卒。6隻の船で、ノリ養殖とタコ漁を手がける。現在は西二見漁協の組合長。

漁師

いるのです。高級魚として知られる明石ダイも、以前の3分の1以下になりました。

これからは漁師自身も魚はおいしくて体にいいことをPRする必要があります。明石では、タコなどを観光客向けに販売したり、小学校の給食に提供したりしています。みんなが魚介類を好きになって、どんどん食べてくれればうれしいです。

（聞き手・田中伸明）
2011・7・24

漁網やロープを手入れする山本さん。全部で200キロ近くあり、1人で扱うのは重労働だ

適性をチェック！

- □ 海が大好き。しけの時も不漁の時もあるがそれでも好き
- □ 漁師は一人の社長。努力してお金をかせぐのが性に合う
- □ 魚介類が好き。苦手な人にもおいしさを教えられる

こぼれ話

頭のいいタコ。神秘的な雰囲気も

タコは頭のいい動物です。つかまった後も、人間の様子をじっと観察しているように感じます。吸盤《きゅうばん》の付いた足でいけすをよじ上り、脱走することもあるので、油断できません。サッカーワールドカップの勝敗を当てて、話題になったタコもいましたね。マダコだと寿命は1年ちょっとと短いですが、どこか神秘的なところがあります。以前は産卵は夏だけだったのですが、最近は一年中、しかも体が小さいタコも卵を産みます。海に何か異変が起きているのかもしれませんね。

漁師になるには…

沿岸漁業の場合、一般人がいきなり漁師として生活するのは難しい。漁船の乗組員になって修業したり、自治体などによる後継者募集に応募したりするのが早道。一人前と認められ、漁協に加入してはじめて独立できる。沖合漁業では未経験者の求人もある。

感じることの大切さ伝える

自然解説員

幼《おさな》いころから自然好きの母に連れられて、よく外遊びをしていました。川で魚を捕《つか》まえたり、買ったキャベツに青虫がいたらチョウになるまで観察したりしていました。

絵をかくことが好きだったので、大学は芸術学部で油絵を学びました。植物の絵をよくかいていましたね。

美術の先生になろうと思っていましたが、就職《しゅうしょく》時期が近づくにつれ「一番幸せを感じられる仕事は何だろう」と考えるようになり、自分が自然とのふれ合いを求めて

美しい環境守る責任を胸に

いることに気付きました。でも、どんな仕事があるのか分かりませんでした。

あるとき家の近くの自然施設《しせつ》を訪ね、そこで解説しながら案内したり、生き物調査をしたりする「自然解説員（レンジャー）」という職種があることを知りました。「これだ」と思いました。

施設のボランティアからスタートし、パート職員として3年間勤《きん》務《む》。その後、日本野鳥の会のレンジャー採用試験に合格し、昨年の春に姫路にやって来ました。

学生時代に生き物や植物につい

自然観察会での案内はレンジャーの大切な仕事。楽しく分かりやすい解説を心がける
＝姫路市太市中、姫路市自然観察の森　（撮影・大山伸一郎）

片山海里さん(28)

（姫路市）

★★★

かたやま・みのり
福岡県の宗像高を経て、広島市立大学芸術学研究科（大学院）を修了。2011年３月から、姫路市自然観察の森レンジャー。

て専門的《せんもんてき》に学んだわけではありません。レンジャーを目指すようになってから、動植物の名前や特性などを猛勉強《もうべんきょう》しました。鳥の鳴き声だけで種類を特定しなければならないなど覚えることが多く、今なお勉強中です。

一人前のレンジャーになるのは、たやすいことではありません。でも、自然の中で四季を感じながら働くことができ、毎日がとても充実《じゅうじつ》しています。

一番やりがいを感じ

自然解説員

るのは、自然観察会で参加者の感動がじかに伝わってきたときです。特に子どもたちが目をきらきらと輝《かがや》かせている姿は、いつ見てもいいものです。

自然環境の大切さを訴《うった》え続けた生物学者レイチェル・カーソンは「知ることは、感じることの半分も大事ではない」という言葉をのこしました。自分で感じることは、本当に大切です。美しい自然を守り、たくさんの人に自然を身近に感じてもらえるよう、これからも努力していきたいです。

（聞き手・ライター藤本陽子）

2012・4・22

広さ60ヘクタールの敷地を歩いて調査する際に携帯する双眼鏡とカメラ

適性をチェック!

- □ 自然が好きで、守りたいという情熱がある
- □ 自然から学び取ろうとする意識、姿勢がある
- □ コミュニケーション能力がある

こぼれ話

情報紙に漫画掲載

施設の情報紙に、見どころなどを漫画で紹介しています。「いま、自然観察の森では」をテーマに描いてみました。

自然解説員になるには…

日本野鳥の会のレンジャーは、独自の採用試験を実施。全国10カ所の施設で活動している。同じく「レンジャー」と呼ばれる環境省の自然保護官は国立公園の保護管理などを行い、国家公務員試験に合格しなければならない。ほかにも同じような仕事があり、興味があれば各地の自然施設に問い合わせてみるといい。

姫路市自然観察の森　TEL079・269・1260

代表の夢に向かってトライ

ラグビー選手

ラグビー国内最高峰《ほう》リーグ「トップリーグ」の強豪《きょうごう》チームの一つ、神戸製鋼《せいこう》コベルコスティーラーズに所属しています。毎年秋から半年続く公式戦に向け、今は練習を続けています。

ラグビーのポジションは大きく二つに分かれます。スクラムを組んで相手の突進《とっしん》を止める「フォワード」と、ボールを回してトライを取りに行く「バックス」です。僕《ぼく》のポジションは、バックスの両《りょう》端《はし》にいる攻撃《こうげき》の要《かなめ》、ウイングです。

公式戦には、多くのお客さんが見に来てくれます。チーム全員の力で試合に勝ち、スタンドにあいさつするときは最高の気分です。

体があまり大きくないですが、相手の低い部分にタックルすると、2メートルの大きな外国人選手でも倒《たお》れます。そんな瞬間《しゅんかん》はかなり興奮《こうふん》しますよ。スタミナや走力など、大きい選手にあまりない部分を磨《みが》くようにしています。

広報の仕事とも両立

チームの半数ぐらいは、プロ契《けい》約《やく》をしているラグビー専門《せんもん》の選手です。しかし、僕は一般《いっぱん》の仕事もしています。今は「神鋼不動産《しんこう》」という会社で、広報の仕事をしています。将来《しょうらい》引退したとき、社会

ラグビー選手は体が資本。「本などで栄養管理を勉強しています」と話す大橋由和さん
＝神戸市東灘区御影浜町、神戸製鋼灘浜グラウンド（撮影・辰巳直之）

人としても通用するように、いろいろ覚えておきたいんです。

朝練習してから仕事に行くなど、ラグビーと仕事を両立する日々です。週末は試合で、翌日《よくじつ》普通《ふつう》に仕事がある時も。おかげで、学生時代よりも、限られた時間で集中したり、考えたりしながら効率《こうりつ》的に練習できるようになりました。

昨年からチームの副《ふく》キャプテンを務めています。率先《そっせん》してきつい

大橋由和さん(27)

（神戸市東灘区）

☆ ☆ ☆

おおはし・よしかず
大阪府枚方市出身。大阪工大高、同志社大を経て、2007年に神戸製鋼入社。172センチ、90キロ。

ラグビー選手

練習をやるのがリーダーだと思っています。ほかの選手に信頼《しんらい》されるためにも、練習で手を抜《ぬ》くわけにはいきません。

夢は日本代表選手になること。その目標があるので、練習や試合でも頑張《がんば》れる。神戸製鋼は以前、何年も連続で日本一になったチーム。昨年は日本一まであと少しでした。今年こそは必ず完全復活の年にしたいんです。

（聞き手・吹田　仲）

２０１１・７・３

炎天下の中、真剣に練習に取り組む大橋さん

適性をチェック!

- □ 激しいタックルでも相手から逃げない闘争心は絶対必要
- □ 向上心と強い体があれば、きつい練習にも耐えられる
- □ どんな時でもチーム内の役割を果たせる責任感

こぼれ話

スパイクの色や形にこだわり

選手の足元を見たことがありますか？　ユニホームは同じですが、スパイクにはさまざまな色や形があります。スクラムを組むフォワードは、底のでこぼこが長くて踏《ふ》ん張りやすい専用《せんよう》スパイクが主流です。走り回るバックスは、サッカー用を使う人も。足の幅《はば》が広くて甲《こう》が高い人が多く、みんな自分の足に合ったものを毎年探《さが》し続けています。中には見た目重視《じゅうし》で紫《むらさき》や虹色《にじいろ》をはく選手も。ぜひ探してみてください。

ラグビー選手になるには…

ほかのスポーツと同様に、チームから声を掛けられるよう、高校や大学などで活躍することが重要だ。トップリーグの選手には、高校から始めた人もおり、遅く始めてもトップ選手になれるのが大きな特徴だろう。まずは体を鍛え、大きくすることから始めよう。

小学生からの運動が基礎に

プロ野球選手

活躍の場を求めて世界へ

16歳《さい》のときに一人でアメリカへわたって、1Aというプロでも一番下のクラスのチームに練習生として参加しました。投手といっても実際はユニホームの洗濯《せんたく》などの雑用係でした。

6年後の1998年、大リーグのマリナーズで初勝利。2000年にはロイヤルズで8勝をあげました。日本のプロ野球を経験せずに大リーグで活躍《かつやく》した日本人は、初めてでした。

野球を始めたのは小3のとき。同時に空手と水泳も習いました。いろんな運動をすることで体が強くなり、野球がうまくなる基礎《きそ》ができた。あいさつもきちんとできたので、外国でもみんなと仲良くなれました。

神戸・滝川《たきがわ》第二高の野球部では1年からレギュラーでしたが、校外で問題を起こし、けじめをつけて退学した。そんなとき、父親がアメリカ行きをすすめてくれました。

大リーグで1年に8勝した後は調子が悪くなり、チームを転々としました。03年には日本のオリックスに入りましたが、納得《なっとく》できる成績は残せませんでした。

試合前に選手と整列するマック鈴木さん（右端）。淡路島のファンの声援が背中を押す
＝三田市三輪、キッピースタジアム
（撮影・吉田敦史）

マック鈴木さん(36)

（洲本市）

★ ★ ★

まっく・すずき
本名・鈴木誠、神戸市須磨区出身。大リーグ通算16勝、日本のプロ野球で５勝、台湾で３勝している。

プロは結果がすべての世界。アメリカや日本で何度もくびになった。でもそのたびに「野球をしたい」と心の底から思いました。メキシコ、台湾《たいわん》、ドミニカ共和国など、プレーできるチームがあると聞けばどこへでも行きました。

実をいうと、アメリカへ行って3年目に肩《かた》を痛《いた》め、それ以来、安定した投球ができなくなった。「あのとき、無理をしなければ…」という思いはいまもあります。でも、どんな条件でもベスト

プロ野球選手

を尽《つ》くすのがプロです。

今年から、関西独立リーグのチームで洲本市《すもとし》を本拠地《ほんきょち》にする神戸サンズに入りました。投手だけでなく監督《かんとく》も頼《たの》まれました。これまでの経験を生かして、上のチームを目指してがんばれる選手を育てたい。もし野球がだめでも、社会人として通用するはずです。

自分は40歳ぐらいまでは選手を続けるつもり。イタリアや韓国《かんこく》でもプレーしてみたいですね。

（聞き手・田中伸明）

2011・10・2

選手の投球練習を真剣な表情で見守った

適性をチェック!

- □ 性格が素直。アドバイスをどんどん吸収できる
- □ 外で遊んだり、いろんな運動をしたりして体が強い
- □ スポーツは何でも得意。野球はいろんな動きが必要です

こぼれ話

野球に打ちこめる環境に感謝

アメリカでの1年目の月給は３００ドル（約3万円）。大リーグで8勝した後は2万5千ドル（約２５０万円）。9年で80倍以上になりました。いまだったら、全体的に給料が高くなっているのでもっともらえたと思います。でも、お金のために野球をしているのではありません。神戸サンズの選手には給料はありませんが、住む場所と食事を提供《ていきょう》してもらっている。野球に打ちこめる環境《かんきょう》に感謝しながら、大リーグや、日本のプロ野球に挑戦《ちょうせん》してほしいです。

プロ野球選手になるには…

日本のプロ野球は、秋のドラフト会議での指名が条件。高校、大学、社会人で選手として注目されるか、入団テストで合格する必要がある。関西、四国などの独立リーグに入り、チャンスを待つ方法もあるが、いずれも狭き門だ。

（神戸サンズは2013年シーズンより活動休止中）

夢と希望与えるプレーを

プロバスケットボール選手

バスケットボールの最大の魅力《みりょく》は、攻守《こうしゅ》の展開《てんかい》の速さです。時に100点以上もの得点が入る試合は、とても見ごたえがあります。

両親ともバスケ経験者で、兄が入っていたミニバスケチームの練習をよく見に行っていました。「自分もやってみたい」という気持ちはありましたが、小学2年生でまだ小さく、あきらめていました。ところがあまりに熱心に見学するので、特別に加入を許されたのです。

中学はバスケ部。部活動以外に父が地元の体育館を借りてくれて、ドリブルやシュートなどの技を磨《みが》きました。高校は神戸の全国大会常連校へ。寮《りょう》生活を送りながら夜遅くまでハードな練習に打ち込み、精神と肉体を鍛《きた》えました。その後東京の強豪《きょうごう》大学に進むと、全国から技術のある選手が集まっていて、レギュラー争いはし烈《れつ》でした。

技を磨いて、さらに上へ

プロ選手になりたかったので、一般の就職活動はしませんでした。卒業後は地元に戻《もど》り、いくつかのプロチームの入団テストを受けましたが、不合格。兵庫県の国体チームで練習を積むうちに、今のチームから声がかかって練習生となり、選手として契約《けいやく》してもらえる

コートでは終始クールな表情。「試合では駆け引きの連続。ポーカーフェースが一番です」と話す
＝神戸市東灘区向洋町中4、カネディアン・アカデミィ
（撮影・斎藤雅志）

ことになりました。

念願のプロになれたものの、当初は出場機会に恵まれませんでした。それでも焦《あせ》りはなく、試合に出たときは持ち味を生かそうと心がけるうちに出番が増え、2年目にレギュラーの座《ざ》を獲得《かくとく》することができました。

ポジションは、攻撃《こうげき》のカギを握《にぎ》る「ガード」。「コート上の監督《かんとく》」とも呼《よ》ばれる司令塔《しれいとう》の役割です。

松崎賢人さん（25）

（神戸市東灘区）

★★★

まつざき・けんと
相生市出身。同市立双葉中、育英高校を経て拓殖大学卒業。2011年に兵庫ストークス入団。178センチ、68キロ。

プロバスケットボール選手

試合の流れをつくるのも壊《こわ》してしまうのも自分なので、面白みがある一方で責任も重大です。

チームは今春、日本リーグ2部で初優勝。9月に開幕する国内トップリーグ、ナショナルバスケットボールリーグ（NBL）に参入します。そこではさらにハイレベルな戦いが予想されます。一層のチャレンジ精神を持ち、勝利に貢献《こうけん》していきます。プレーを通じ、多くの人に夢や希望を与え続けたいですね。

（聞き手・ライター藤本陽子）

2013・8・4

すでに身体の一部のようなボールとシューズ

適性をチェック!

- □ 負けず嫌《ぎら》いで、目立たないところでも努力できる
- □ バスケが何より好きという気持ちと、高い技術力
- □ 新しい環境や仲間に適応していく力

こぼれ話

強い体づくりに　食事も大切な仕事

プロスポーツ選手は「個」のレベルを高めるべく常に努力しています。チーム練習とは別に、他人と違《ちが》う努力をどれだけできるか。試合では常に走りっ放しで相当な体力が必要なので、それぞれジムで走りこんだり筋《きん》トレに取り組んだりして、強い体づくりに励《はげ》みます。食事も大切な〝仕事〟。自分の場合、夏場は油断するとすぐに体重が落ちてしまうので、かなりの量を意識して食べるようにしています。

プロバスケ選手になるには…

高校、大学の部活動などで一定のバスケ経験を積んだ後、チームが実施する入団テストを受け、合格すれば年間契約を結べる。プロを目指し、チームの練習生として経験を積む人も。30代半ばぐらいまで活躍《かつやく》する選手が多い。

地元開催の棋戦で初優勝

将棋棋士

　5歳のときに祖父から将棋《しょうぎ》を教わり、小学2年生のころから加古《かこ》川《がわ》市内の道場に通い始めました。

　5年生のときに「小学生将棋名人戦」で準優勝し、プロ棋士《きし》を育てる奨励会《しょうれいかい》の試験を受けて合格。井《い》上慶太《うえけいた》九段の弟子《でし》になりました。

　奨励会で四段《だん》になるとプロと認《みと》められます。しかし、ぼくは4年半の間三段のままで、強い弟弟《おとうとで》子《し》たちはぼくを追いぬいてプロ棋士に。すごく刺激《しげき》になりました。

　昨年、23歳《さい》でプロ棋士になったときは、うれしいというよりほっとしました。師匠《ししょう》に電話で報告しましたが、後で聞いたところによると、泣いていたそうです。師匠はたくさん将棋を教えてくれましたし、人としても尊敬でき目標にしています。

尊敬する師匠が目標

　普段《ふだん》はプロ同士で練習対局をして戦法を研究します。詰《つ》め将棋を解くのも訓練になりますが、ぼくは自分で問題をつくるのも好きです。実際にあったプロの対局を将棋盤《ばん》の上で並べ直す「棋譜《きふ》並べ」という勉強方法もありますが、ぼくは棋士なのに一人でいることが苦手なので苦労します。

　井上九段や久保利明《くぼとしあき》2冠《かん》など、

「将来は師匠の井上慶太九段のような棋士になりたい」と話す船江恒平四段＝大阪市福島区福島6、関西将棋会館

（撮影・高部洋祐）

ゆかりの棋士が多いことで知られる加古川市は「棋士のまち」と呼《よ》ばれています。自分の生まれ故郷《こきょう》が、将棋に熱心なまちでとてもうれしいです。そして今年、三段と四段が中心となって優勝を競う「加古川青流戦《せいりゅうせん》」ができました。

地元の棋戦《きせん》なので、とても重圧を感じましたが、順調にトーナメントを勝ち上がって決勝戦に進出。10月下旬《げじゅん》に行われた決勝は、3番

船江恒平さん(24)

（加古川市）

★★★

ふなえ・こうへい
加古川市の神吉中、加古川東高卒。2010年にプロデビュー。今年10月「第1回加古川青流戦」で優勝した。

将棋棋士

勝負で先に2勝した方が優勝です。初戦に負けましたが、加古川の河川敷《かせんしき》を歩いて気分転換《てんかん》したのがよかったのかもしれません。

第2局にも最終局にも勝つことができましたが、必要以上に勝ちを意識して丁寧《ていねい》に指しすぎたのが反省点。優勝が決まった後、祖父が喜んでくれたり、高校の同級生からお祝いメールをもらったりしてうれしかったです。地元で結果を残せてほっとしています。

（聞き手・塩田武士）

2011・11・6

普段よく使っているせんすや駒

適性をチェック！

□考えることが好き。たくさんの手を検討して指します

□負けず嫌いである

□こどくに耐《た》えられる。将棋《しょうぎ》は一人で戦い続けるので

こぼれ話

うれしさこみ上げ一人でニヤニヤ

棋士《きし》をしていて一番よかったと思うのは、対局に勝ったときです。同じ加古川《かこがわ》市出身の久保利明《くぼとしあき》2冠《かん》というとても強い棋士と対局したときは、久保2冠にオーラが出ていてかなり緊張《きんちょう》しました。まったく自信がなかったので、勝ったときはうれしいという実感がなかなかわきませんでした。

うれしさは後からこみ上げるものかもしれません。東京で対局することもあるのですが、勝つとじわじわ喜びが出てきて、帰りの新幹線の中で一人でニヤニヤしています。

将棋棋士になるには…

奨励会に入会し、対局に勝って自分の所属するクラスを上げていきます。原則26歳までに四段になれなければ、退会しなくてはなりません。また、年れいに関係なく、アマチュアが受けられる試験もありますが、とてもきびしい条件を満たさなくてはなりません。

理想の味を常に思い描いて

パティシエ

ケーキや洋菓子《ようがし》を作る職人をパティシエといいます。私は神戸でOLをした後、25歳《さい》で東京の料理学校に入り、パティシエを目指しました。

小さいころから菓子作りは大好き。材料にていねいに手を加えると、お菓子に変身するのが面白かった。神戸商科大(現兵庫県立大)を卒業後、携帯《けいたい》電話会社に就職《しゅうしょく》しましたが、自分の作品を買ってもらいたいと考え、転職しました。

修業できるお店を探《さが》したのですが、なかなか見つかりませんでした。東京・麹町《こうじまち》の「パティシエ・シマ」では、島田進《しまだすすむ》シェフが1時間も面談してくださった。「女性には難《むずか》しい仕事」といわれましたが、「ここだ」と思いました。十数回通った熱意が通じて、雇《やと》ってもらえました。

関西はやりがいある土地

朝は6時から、忙《いそが》しい時期は日付が変わるころまで働きました。有名店とあって、菓子作りの流れがものすごく合理的で、勉強になりました。5年目には、豪華《ごうか》な特注ケーキを作るチームに入れました。

2005年11月に三田に「パティスリー・シュエット」を開きま

「古典的なフランス菓子の奥深い味わいを伝えたい」と話す水田あゆみさん
＝三田市すずかけ台1、パティスリー・シュエット
（撮影・岡田育磨）

水田あゆみさん（36）

（三田市）

★★★

みずた・あゆみ
龍野西中、龍野高卒。百貨店で女性職人が腕を競うイベントで人気を呼び、新鋭として注目される。

した。フランスの古典的なお菓子で勝負したいと考えました。見た目は地味だけど、すごく手間をかけていて味わい深い。例えば「オペラ」（368円）は生地《きじ》とクリームが9層《そう》もある手の込《こ》んだケーキ。でも最初は「小さいのに高い」と不評《ふひょう》でした。

自分が売りたいものと売れるものが違《ちが》うことはよくありますね。なじみの薄《うす》い菓子は、本来の味わいを生かしながら、日本人に合うよう工夫してファンを増やしました。

菓子作りは「こういう味にしたい」という理想を常に思い描《えが》いていないと、だんだん味が落ちてしまう。緊張感《きんちょうかん》を切らさないことは大変です。

関西はやりがいのある土地。東京と違って、お客さんが「おいしかった」と声をかけてくださいます。気にいらない時もはっきり言う。お客さんに育てられますね。

（聞き手・田中伸明）
2011・4・3

フランスの伝統菓子に三田産の黒豆など地元の食材を取り入れた「すずかけバスク」（1365円）

適性をチェック！

- □ おいしいものを食べるのが好き。自分も作ろうと思える
- □ 体力がある。一日中立っていられ、調理室の寒さも平気
- □ 人と話すのが好き。話の中からレシピのヒントをつかむ

こぼれ話

「女性は不利」といわれるけど…

最近でこそ女性パティシエは珍《めずら》しくなくなりましたが、私の修業時代はまだ少なかった。師匠《ししょう》にも「女性は不利」とさとされました。一日中立っている仕事で体力がいるし、冬でも調理室は暖房《だんぼう》を使えず、冷え性《しょう》にとっては本当につらい。私は毎日腹筋《ふっきん》運動をして腰痛《ようつう》を防いでいます。逆に、きめ細かいかざり付けなどは女性らしい感性が生きるので、有利だと思います。

パティシエになるには…

特別な資格はいらないが、調理師専門学校などで学び、製菓衛生師を目指す人が多い。ホテルやレストランに勤めるほか独立する道も。店を出すには、3年以上の実務経験者らがなれる食品衛生管理者を置く必要がある。

パティスリー・シュエットは午前10時～午後8時、月曜定休（月曜が祝日の場合営業、翌火曜休）。

TEL079・564・7888

「味」と「気配り」、両方備え

すし職人

大きく分けて、すし職人には二つあります。一つは自分の店を持つ人。もう一つは大きな店で職人として働く人。私は自分のすし店を持ち、もう1軒《けん》料理店も営んでいます。職人と経営者の両方ということですね。

私の店では「江戸前《えどまえ》ずし」を出します。すし飯の「しゃり」にのせる魚を、生のままではなく、煮《に》たり、酢《す》でしめたり、一工夫して握《にぎ》るのが江戸前ずしです。神戸にはあまりなかったし、味が最もいいと思うからです。赤い酢《す》や沖縄《おきなわ》のミネラル塩を使うなど、基本の

魚のプロとして、たえず勉強

食材にもこだわっています。

すし職人は、魚をあつかうプロ。お客さんに魚のことを聞かれて「知らない」というのは許《ゆる》されません。ですから、魚の知識をたえず学んでいますし、いつもいろんな工夫を考え続けています。

すし職人は、よい魚とそうでない魚を見分けられないといけません。これは市場に行き、お金をはらって仕入れた魚で、成功と失敗をくり返して身につけていくしかありません。

実家が神戸市中央区のすし店で、小さいころから料理が好きだった

開店前の仕込みでマグロを切る薩摩隆義さん
＝神戸市中央区中山手通1、「鮨栄美古」　（撮影・山口　登）

薩摩隆義さん(48)

（神戸市中央区）

★★★

さつま・たかよし
神戸市兵庫区出身。生田中（現・神戸生田中）、大阪の高校を卒業。実家などで修業後、2006年三宮で開業。

し、自然とすし職人を目指すように。実家や東京・赤坂の店で修業しました。洗い場の掃除《そうじ》や接客《せっきゃく》から始まり、すしの技術や知識まで、さまざまなことを学びました。

自分の店では、とにかく気配りを大切にしています。お客さんに味を楽しんでもらうためなら、何でもします。しかし、閉店時間や禁煙《きんえん》など、店としてのルールはきちんと守ります。そうすることで、店が〝凛《りん》とした何か〟を持てる気がするからです。

帰るお客さんに、振り返って「おいしかったよ」と言ってもらえるのが最高の喜びです。理想は、仕事などで来られたお客さんが、すしを一口食べたら仕事の話をやめ、すしの話を始めるような味の実現。すしでも経営でも一番を目指しています。その方が面白いですから。

（聞き手・吹田　仲）
2011・10・16

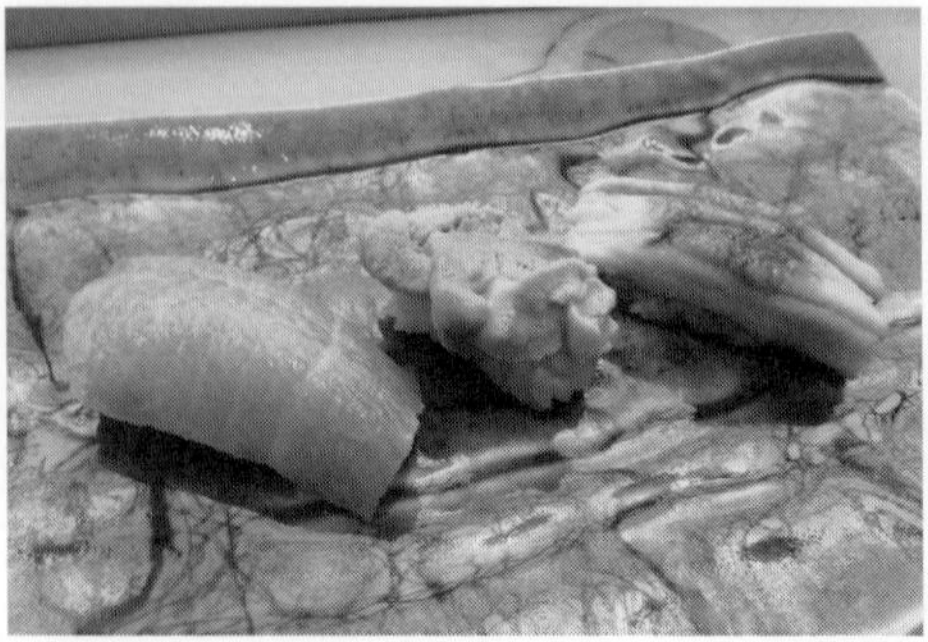

薩摩さんが握ったすし。それぞれにこだわりの味付けが隠されている

適性をチェック！

- □ 魚を食べるのも、見るのも、学ぶのもすべて好き
- □ 色彩感覚《しきさいかんかく》が豊か。盛りつけには意外と大切
- □ 自分のお店を持つなら、お客さんとの会話力をつけて

こぼれ話

マグロにこだわり東京・築地まで

うちの店は特にマグロにこだわっていて、マグロの仕入れでは、東京の築《つき》地《じ》市場まで行きます。はじめは「誰《だれ》?」という感じで、相手にしてもらえませんでした。それでも何度も行って顔を見せ、買い続けるうちに、よい魚を売ってくれるようになりました。そうすると、マグロのとても珍《めずら》しい部分が手に入ることも。例えば「さんかく」とよばれる、脳天《のうてん》にある身は、中トロよりもあっさりしておいしいです。これを食べられる店はめずらしくて貴重《きちょう》なんですよ。

すし職人になるには…

すし職人に特に資格はないが、お店での修業から始めるのが一般的。そこで調理技術や接客などを学び、独立する人が多い。最近は海外で働く職人も。店を出す場合、食品衛生責任者の資格などが必要となる。味だけでなく、経営力や話術を伸ばすことも大切だ。

「鮨　栄美古」　TEL078・334・7255

「おいしかった」の言葉が励み

イタリア料理シェフ

両親が共働きだったため、中学生ぐらいから自分で簡単《かんたん》な料理を作っていました。「食」への関心が高い子どもでした。

高校卒業後、神戸《こうべ》市内の調理師専門《せんもん》学校に入学。2年間、料理の基本を学んだ後、神戸のイタリア料理店に就職《しゅうしょく》しました。でも、初めから調理を任せてもらえたわけではありません。まずは食器洗《あら》いや接客を経験し、しばらくたってから調理場に入れてもらえました。

実は22歳《さい》のとき、少しの間、料理から離《はな》れたことがありました。あまりに仕事が大変で、料理を続

日々の積み重ねで腕を磨く

けていくことに迷いを感じてしまったのです。

別の仕事を始め、10カ月ほどたったころのこと。友だちからイタリアのデザート「ティラミス」の作り方を聞かれました。使うチーズの名前すら忘《わす》れてしまっている自分がいました。それをきっかけに「もう一度料理をやってみよう」と決意。再び料理の世界に戻《もど》ってからは、がむしゃらに仕事に打ちこみました。

いくつか店を移った後、29歳でイタリアに渡《わた》り、ナポリの有名店へ。料理人としてさらに自分を高

「自分がナポリで食べて感動した味を多くの人に知ってもらいたい」とソーセージの仕込みに追われる藤沢大祐さん
＝加古川市、フォンタナ・ベルデ
（撮影・大山伸一郎）

藤沢大祐さん（38）

（加古川市）

★ ★ ★

ふじさわ・だいすけ
加古川市の神吉中と加古川南高、神戸国際調理師専門学校（現・神戸国際調理製菓専門学校）を卒業。2007年開業。

めたいという思いからでした。

最初、イタリア語は数字と食材の名前しか分かりませんでしたが、猛《もう》勉強の末、不自由なくコミュニケーションできるまでになりました。2年間の本場修業は、自分にとって大きな財産です。

34歳で地元に自分の店をオープン。料理を作るだけでなく、お店を経営する「店主」の仕事も加わりました。

料理人は絶えず勉強し、日々進化していかなければなりません。そのため、イタリアの情報を集めたり、料理人仲間と勉強会を開いたりしています。いつも一番おいしいものをお客さんに提供《ていきょう》できるよう、努力しています。

苦労はありますが、お客さんから「おいしかったよ」と言われると、すべて報《むく》われる気がします。その言葉を励《はげ》みに、また新しい料理を生み出そうという意欲《いよく》がわいてきます。

（聞き手・ライター藤本陽子）

2012・2・26

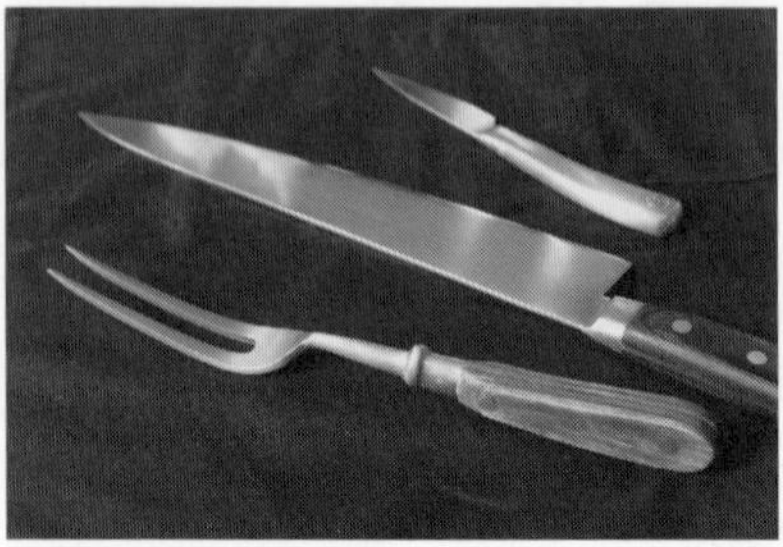
調理器具は料理人の命。毎日使うものだから手入れも念入りに

適性をチェック!

- □ 食べることが好き
- □ 好奇心《こうきしん》が強く、何にでも興味を持つ
- □ 向上心があり、忍耐《にんたい》強い

こぼれ話

タイミング考え 効率よく作業進行

店の混雑時、次々に入ってくる注文をさばく調理場は目が回るような忙《いそが》しさです。料理を作る人の数は限られているので、一つの料理にかかりっきりになっていられません。複数の料理を同時進行で仕上げます。「この作業をやっているうちに、あの作業ができるな」と頭の中で計算しながら、効率よく仕事を進めます。パズルを組み立てていく感覚と似ています。ちょうどいいタイミングで料理が仕上がり、お客さんに提供《ていきょう》できたときの達成感はとても大きいものです。

シェフになるには…

調理師免許を取るには、厚生労働大臣が指定する調理師養成施設を卒業するか、調理師試験に合格する必要がある。同試験は、飲食店などでの2年以上の経験が受験条件。経験を積んで実力をつければ、調理場を統括するシェフを目指すことができる。独立して自分の店を持つ人も。

フォンタナ・ベルデ　TEL079・426・1599

空の安全守る交通整理役

航空管制官

空港を離着陸《りちゃくりく》する航空機が安全運航できるように必要な指示を与《あた》える、いわば「空の交通整理」の仕事です。道路で信号機が故障《こしょう》すると、警察官《けいさつかん》が車を誘導《ゆうどう》しますね。あのイメージです。

大学2年の時にパイロットに興味を持ち、航空大学校を受験しましたが不合格。航空会社の試験も受からず、卒業してからアメリカで飛行機とヘリコプターの操縦免《そうじゅうめん》許《きょ》を取得《しゅとく》しました。

帰国後は民間企業で、災害などに出動する防災ヘリに乗務していましたが、リストラを機に航空管

レーダーや目で確認し離着陸許可

制官採用試験に挑戦《ちょうせん》。アメリカで訓練中、管制官の誘導で命拾いした経験から「今度は自分がパイロットをサポートしたい」という気持ちもありました。無事合格し、研修後１９９３年に羽田空港に赴《ふ》任《にん》。石垣空港などを経て、4年前から神戸空港で働いています。

管制室は地上約30メートル、３６０度ガラス張りです。パイロットから無線で連絡《れんらく》が入ると、レーダーや自分の目、双眼鏡《そうがんきょう》を使って位置を確認《かくにん》し、離着陸の許可を出します。目で見る距離《きょり》は、最長で約24キロに及《およ》びます。

ヘリコプターの操縦士と交信する七戸吉彦さん
＝神戸市中央区神戸空港1
（撮影・辰巳直之）

七戸吉彦さん（46）

（神戸市中央区）

★ ★ ★

しちのへ・よしひこ
東京都出身。明治大卒業後、1992年10月に採用。2008年4月から国土交通省大阪航空局神戸空港出張所で勤務。

着陸の場合、約5分前から交信を始め、やり取りの時間はおよそ1分です。基本的に英語ですが、アメリカで苦労した経験があり、母国語が英語でない外国人パイロットもいるので、中2レベルの単語で会話をします。日本人の場合は意思疎《そ》通《つう》のため、日本語も使います。こちらの意図を確実に理解してもらうことが大事だからです。

悪天候でパイロットに「降《お》りられないのでどこかで回りたい」と言われたら、管轄《かんかつ》する

航空管制官

空域が接する関西国際空港の管制室と調整して、位置を指示することもあります。

神戸空港は出入り口が一つの特殊《とくしゅ》な空港で、過密《かみつ》になる時間帯が1日数回あります。飛行機同士がぶつからないよう交通整理するのはもちろん、滑走《かっそう》路《ろ》で訓練するヘリにも気を配ります。空の安全に貢献《こうけん》できるのが喜びです。

目視に使う双眼鏡、交信に使うマイクなど

パイロットの手伝いができ、かつ定時で運航させられると、本当によかったと感じます。

（聞き手・平井麻衣子）
2012・7・22

適性をチェック！

□ チームワークが求められる仕事。協調性は欠かせません

□ 一点集中でなく、周囲に均等な目配りができる

□ 突発的《とっぱつてき》な事態を常に想定でき、緊張《きんちょう》にも耐《た》えられる

こぼれ話

管制室に入ったらほぼ休憩なし

神戸空港の管制官はキャリア約40年のベテランから数年の若手までの男性8人で、チームワークの良さが自慢《じまん》です。勤務《きんむ》は早番が午前6時45分から午後3時、遅番が午後2時から午後10時15分。管制室に2人1組で入った後は、ほぼ詰《つ》めっぱなしになります。食事やトイレは、航空機の離着陸《りちゃくりく》がない時間にさっと済《す》ませねばならず、休憩《きゅうけい》は取れません。休みは原則、4日働いて2日、5日働いて1日です。お盆《ぼん》や年末年始も関係なく、そんなときほど、まとまった休みは取りにくいです。

航空管制官になるには…

国が実施する航空管制官採用試験（大学卒業程度）に合格しなければならない。採用後国家公務員として大阪府泉佐野市の国土交通省航空保安大学校で1年間研修し、必要な知識や技量を習得する。研修期間中は給与が支給される。修了後は全国各地の空港に配属され、所定の訓練を経て活躍することになる。

安全、正確、快適な運行を

電車の運転士

東は阪神大石駅と阪急三宮駅、西は山陽姫路《ひめじ》駅までを走る山陽電車本線の運転士をしています。

幼《おさな》いころから乗り物に興味があり、電車やバスに乗ると、一番前で運転の様子を見ながら「自分も将来《しょうらい》運転士になれたら」と思っていました。

高校卒業後、親しみのある地元の山電に入社。最初の5年は駅務係として東二見駅や明石駅の改札業務、券売機の精算業務などに携《たずさ》わりました。

その後車掌《しゃしょう》となり、車内放送や扉《とびら》の開け閉めといった運転業務以外の仕事を11年やって、運転士養成所に。電車の構造や鉄道に関する知識などを4カ月学んでから、師匠《ししょう》にあたる「指導操縦者《しどうそうじゅうしゃ》」と実際の営業車両に乗って4カ月技能講習を受けました。

責任重大、体調管理など万全に

本線と網干線《あぼしせん》（飾磨《しかま》―山陽網干）を合わせて４０６基ある信号機の位置を完璧《かんぺき》に覚えるなど猛特訓《もうとっくん》の末、国家資格の「動力車操縦者運《どうりょくしゃそうじゅうしゃうん》転免許《てんめんきょ》」を取得。２００７年6月に運転士になりました。

運転台では、自動車のアクセルにあたる「主幹制御器《しゅかんせいぎょき》」を左手で、ブレーキを右手で操作《そうさ》します。難《むずか》

東二見車庫の車両で運転の様子を再現する平本裕介さん。「電車にもくせがあり、運転しやすい、しにくいといった相性を感じます」
＝明石市二見町東二見
（撮影・大山伸一郎）

平本裕介さん(40)

（明石市）

★ ★ ★

ひらもと・ひろゆき
明石市出身。大久保小、大久保中、明石商業高卒。1990年山陽電気鉄道株式会社に入社。

しいのはブレーキで、所定の位置にショックがないよう止めるには技術が要ります。特に雨や雪の日は、鉄製の車輪とレールとの間の摩擦力《まさつりょく》が減るため滑《すべ》りやすく、難《なん》易度《いど》が増すのですが、そんな悪条件でも正確に止められると、ちょっとした達成感を覚えます。

制限速度を守り、安全、正確、そして快適にお客さまを目的地まで運ぶことが使命です。自分がミスをしたらお客さまに迷惑《めいわく》をかけるので、常に責任を感じ

電車の運転士

ます。体調管理にも気を配り、特に睡《すい》眠《みん》をしっかり取るよう心掛《こころが》けています。

鉄道に興味のある子どもたちが沿線《えんせん》から手を振《ふ》ってくれると、たまらなくうれしいです。2年前に指導操縦者となり、見習い運転士を一人前に育てることにもやりがいを感じています。教える立場になって、やっと師匠の苦労がわかりました。自分の経験を後輩《こうはい》に伝え、育ててもらった恩返しをしていきたいです。

（聞き手・平井麻衣子）

2012・9・23

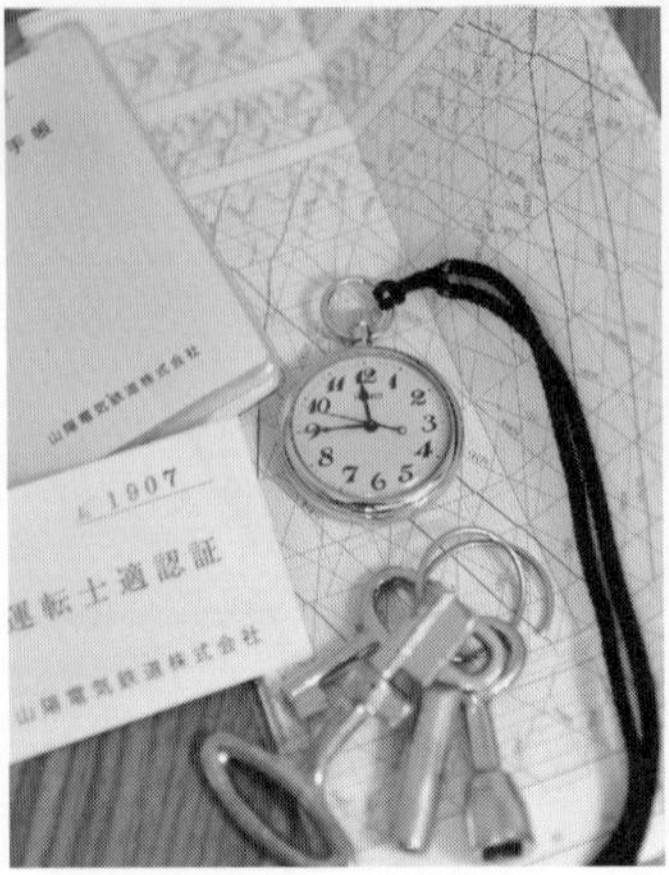

乗務のときに携帯する「運転士適認証」やダイヤ、運転時計など

適性をチェック!

- □ どんな状況《じょうきょう》でも平常心を保て、冷静に行動できる
- □ 車掌《しゃしょう》との協力で成り立つ仕事。協調性が求められます
- □ 勤務《きんむ》は不規則で宿直も。体力作りや自己《じこ》管理が大切

こぼれ話

「撮り鉄」に人気の滝の茶屋駅

「撮《と》り鉄」と呼ばれる鉄道写真愛好家に人気の、神戸市垂水区の滝《たき》の茶屋駅。海と電車がきれいに撮れるようですが、運転士にとっては、カーブがあり操縦《そうじゅう》の難《むずか》しい地点。前方注視《ぜんぽうちゅうし》のため、景色を見ることはありません。そんな鉄道ファンのために「山陽・鉄道フェスティバル」が毎年秋、明石・東二見車両工場で開かれています（荒天《こうてん》中止）。運転士姿《すがた》での撮影《さつえい》会（小学生以下、有料）や車両解体部品の販売《はんばい》などがあります。山陽電車ご案内センターTEL０７８・９１３・２８８０

電車の運転士になるには…

山電は現在、鉄道営業部係員（契約社員）として採用。入社２年後に正社員登用のチャンスがあるという。教習、試験を経て車掌になり、２年以上経験を積むと、運転士登用試験の受験資格が得られる。合格者は国土交通省指定の同社の養成所で訓練し、試験に受かると「動力車操縦者運転免許」が与えられる。

安全守る「車のお医者さん」

自動車整備士

車は便利な乗り物ですが、きちんと整備しなければ、命に関わる事故を引き起こす恐《おそ》れがあります。車やバイクを点検《てんけん》し、修理や部品交換《こうかん》が必要な場所を見つけて適切な状態にするのが、自動車整備士の仕事。いわば「車のお医者さん」です。

ボクサーに憧《あこが》れ、小学生のころからジムに通っていました。将来《しょうらい》を占《うらな》う意味も込《こ》めて高校2年で出た大会で負け、夢を断念。しばらくは目標もなく過ごしましたが、卒業後について真剣に考えるようになったとき、近くの町工場のお

1本のねじにも責任感

じさんが鮮《あざや》やかな手さばきで車を修理する姿に見ほれ、機械いじりに興味を抱《だ》いた幼いころの思い出がよみがえりました。家電を分解しては組み立てることが大好きな子どもでした。

「機械について学びたい」。そう思って調べると自動車・バイクの整備士を育てる専門《せんもん》学校が大阪《おおさか》にあることが分かり、入学を決めました。

2年間通った専門学校では、車の構造や動作の仕組みを理解し、工具や検査機器の扱《あつか》い方などを徹《てっ》底的《ていてき》に学びました。同期は機械科

「車に乗る人の命を預かる仕事。常に責任感を持って取り組んでいます」と話す近藤心弥さん
＝神戸市垂水区舞子坂1、ホンダカーズ明舞舞子店
（撮影・中西幸大）

出身者が多く、普通科だった私は出遅《でおく》れていました。仲間を追い上げるために猛勉強《もうべんきょう》。そのかいあって、卒業時には成績優秀者として表彰《ひょうしょう》されました。

2級整備士の資格を得て、自動車販売会社に就職《しゅうしょく》。店舗《てんぽ》の整備部門スタッフとして車の点検や修理をしています。毎日、お客さんのいろんな困《こま》りごとが持ち込まれます。新人のころは不具合箇所《かしょ》がな

近藤心弥さん(24)

（神戸市垂水区）

こんどう・しんや
南あわじ市出身。同市立南淡中学、県立志知高校（現・淡路三原高校）を経て、ホンダテクニカルカレッジ関西卒業。2009年４月にホンダクリオ明舞に就職。

自動車整備士

かなか見つけられずに苦労しましたが、上司や先輩《せんぱい》が一緒《いっしょ》に考え、解決に力を貸してくれました。そうして少しずつ経験を積んできました。

不安を抱《かか》えて来られたお客さんが、修理・点検後に「ありがとう」「安心したわ」と笑顔を見せてくださると、役に立てて良かったと思います。

自動車は、たくさんの部品の集合体。どれ一つも欠くことができず、ねじ1本を締《し》めるにも大きな責任が伴《ともな》います。そのことを胸に刻《きざ》み、お客さんに安全・安心を提供《ていきょう》していきます。

（聞き手・ライター藤本陽子）
2013・7・7

専用の工具類。点検・修理で日常的に使う

適性をチェック!

□機械や車が好きで、仕組みや構造に興味がある

□手先が器用で細かな作業が苦でない

□問題解決のために頑張《がんば》り抜《ぬ》く根気と強い責任感

こぼれ話

運転者への問診欠かせない

お医者さんが患者さんと会話しながら体を診《み》るように、車の整備では、車の調子を見るだけでなく、乗り心地・具合を一番よく知る運転者への問診が欠かせません。いつも走る場所や運転の癖《くせ》などで、車の状態は変わります。整備士は「大丈夫《だいじょうぶ》」という言葉を簡単に使えません。十分に聞いた話をもとに点検し、お客さんに説明を尽《つ》くし、納《なっ》得《とく》してもらってはじめて、その言葉を口にできるのです。

自動車整備士になるには…

国土交通省指定の学校で学ぶか、実務経験を積んで試験を受ける。勤務先は自動車販売会社、車用品店、整備工場など。技能レベルに応じて１～３級と特殊《とくしゅ》整備士があり、働く場所によって求められる級は異《こと》なる。

確かな技術で流行先取り

美容師

高校3年の時、勉強の成績で進学先が決まってしまうのが嫌《いや》だと思いました。18歳《さい》から勝負をしたいと考え、美容師を目指すことに決めました。

両親は猛反対《もうはんたい》して口もきいてくれなかった。担任《たんにん》の先生だけが味方になって、専門《せんもん》学校のことを調べてくれたので、滑《すべ》り込《こ》みで入学できました。

夕方まで美容院で見習いとして働き、夜間は専門学校で学びました。カットなどの技術は練習した分、うまくなる。新聞から、人形や仲間の髪《かみ》まで、切れるものは何でも切りました。

色彩感覚や言葉にも磨き

お客さんをつかむには、接客も重要です。礼儀《れいぎ》はもちろん、話題を豊富にするため雑学の本などで知識を増やしました。奉仕《ほうし》の精神を身につけるため、店の前の掃除《そうじ》も続けました。

仕送りはなく、給料も安かった。いい道具を買ったり、美容の講習を受けたり、いい道具を買ったりしたのですごく貧乏《びんぼう》でした。後輩《こうはい》とお金を出し合ってカップラーメンを買い、1日1個を2人で分けて食べたこともありました。でも、努力すれば、20代前半で月50万円かせぐ人もいます。

「美容師になれたのは高校の担任のおかげ。恩返しのため、若い人が夢を実現するのに協力を惜しまない」と話す福本和穂さん
＝尼崎市西長洲町2
（撮影・岡田育磨）

修業時代、大阪・ミナミのクラブのママに接客が認められて、月給50万円でスカウトされたことがあった。ぐらっと来たけど断りました。やめたら、親に見せる顔がないと思いましたね。

独立に備え、色や言葉の感覚も磨《みが》きました。ノートを持ち歩いて、気になる看板《かんばん》の配色やキャッチコピーをメモした。店の宣伝《せんでん》に役立てるためです。24歳で尼崎《あまがさき》に「モ

福本和穂さん(47)

（尼崎市）

★ ★ ★

ふくもと・かずほ
相生市出身。双葉小・中、上郡高から高津理容美容専門学校へ。カットや髪のケアに「不可能」の文字はない。

美容師

ガ」を開きました。
飽《あ》きられない店にするためレイアウトをしょっちゅう変えた。流行を先取りすることも大切。次はどんな髪形《かみがた》がはやるかいつも考えています。
ヘアメークをするうちにお客さんの表情が見る見る変わって、最後に笑顔《えがお》になるのがなによりのやりがい。自分のことを「カリスマ美容師」とは思いませんが、お客さんに対しては、ほかの美容師にできない技術を提供できる「カリスマ」でありたいと願っています。

（聞き手・田中伸明）

２０１１・５・１

ヘアメークはその人の個性に合わせて。上品な巻き髪とメークで変身した女性

適性をチェック!

- □ 体力がある。立ち仕事や長時間同じ姿勢を取るのも平気
- □ あいさつができ、時間に正確。人間を観察するのが好き
- □ 目標を立て、夢の実現のため努力するのが苦にならない

こぼれ話

髪形も体形も　きちんとキープ

美を扱《あつか》う仕事ですから身だしなみには気を使います。運動や食事に注意して体形を保っていますし、髪形《かみがた》もきちんと整えています。女性の多い世界ですから、もてる要素はありますね。仕事に打ち込《こ》んでいる姿《すがた》を見せられますし。モデルさんのヘアメークも担当《たんとう》しますが、ショーの時は目の前で着替《きが》えることも。だからといって、変な気を起こすのは禁物ですよ。

美容師になるには…

美容（理容）学校で２年以上、通信制では３年以上学んだ後、国家試験に合格すれば免許をとれる。在学中から美容院などで修業するのが一般的で、各店のスタイリスト試験に合格すれば一人前に。３年以上の実務で「管理理容師」の資格がとれ、自分で店を開くのに有利になる。

Khaju hair　TEL06-6488-3308

くらしの中で花を楽しむお手伝い

フラワーショップ経営

夫婦でフラワーショップを営んで6年。花の販売《はんばい》のほか、緑を使った店や庭の飾《かざ》り付け、一般《いっぱん》向けのレッスンなど、くらしの中で花を楽しむお手伝いをしています。

母親が生け花の先生だったので、小さいころから花に親しんで育ちました。母が頼《たの》まれた花束を代わりに私が作ったり、高校時代には近所の花屋でアルバイトもしたり。

そんな中で色彩《しきさい》への関心が高まり、短大時代はインテリアコーディネーターを目指していました。あまりにも花が身近すぎて、花から離《はな》れたいという気持ちもありました。でも採用されたのは結局、フラワーショップでした。

お客さんの輝く笑顔が喜び

当初は、花の水揚《あ》げなど裏方《うらかた》の仕事ばかり。ある日、お店が提携《ていけい》する結婚《けっこん》式場のブライダルフェアに参加したことをきっかけに、ブーケの作り方や式場の飾り付けを学びました。

結婚式は、新郎新婦《しんろうしんぷ》にとって一生に一度の晴れ舞台《ぶたい》。花屋にとっても花の量が多く、朝が早いなど大仕事ですが、幸せそうな姿《すがた》を見るとやりがいを感じます。

店の飾り付けや庭づくりなど、花や緑で空間演出するのも仕事。

季節の花に囲まれて店頭に立つ楠生理恵さん
＝西宮市城ケ堀町、AZITO
（撮影・佐々木彰尚）

楠生理恵さん（32）

（西宮市）

★ ★ ★

くすばえ・りえ
松江市生まれ。宝塚造形芸術大短期大学部（現・宝塚大）、大阪市内のフラワーショップを経て開業。

花とインテリアコーディネートの両方を欲張《よくば》ることができて面白いです。

お店にはいつも約40種類の花や観葉植物を置いています。仕入れは夫の担当。生花市場に新鮮《しんせん》な切り花が入荷する月・水・金曜《よう》の週3日です。ファッション誌《し》と同様、花も季節を先取りするので、6月にはもうヒマワリが店頭に並びました。

でも華《はな》やかな仕事ばかりではありません。毎日花を手入れし、傷んだものは除きます。水かえや土運びなど力仕事も多い。手もあれるので、ハンドクリームも必需品《ひつじゅひん》です。

そうして世話した花で花束を作るのが一番楽しい。限られた時間の中、お客さんと話しながら希望や贈《おく》る相手のイメージをつかんで仕上げます。「そう、こんな花束が良かったの」とお客さんの顔が輝《かがや》いたとき、花屋冥利《みょうり》に尽《つ》きますね。

（聞き手・神谷千晶）
2011・6・26

夫の英樹さんと。通りに面した店の前には観葉植物が並ぶ

適性をチェック！

□人間観察力がある。接客の中で注文のイメージをつかむ

□創作が得意。花束や飾り付けなどセンスが問われる

□何はともあれ花が好き。命を扱うので、愛情が大切です

こぼれ話

かわいい花より個性派が好み

実は、個人的にはあんまりかわいらしい花束は好きじゃないんです。だから定番のカスミソウも注文がないと店に置いていない。代わりに赤いテマリシモツケの実などを使います。以前、葉と実だけでブーケを作ったことがあるのですが、すてきですよ。緑や赤やまだら模様《もよう》もあるドラセナ、大きく存在感のあるヤツデなど、とても華《はな》やかです。そんな注文、普段《ふだん》はなかなかないんですけどね。

フラワーショップ経営者になるには…

特別な資格は必要ないが、生け花の免許や、厚生労働省認定のフラワー装飾技能士、日本フラワーデザイナー協会の資格を取る人も。フラワーショップに勤めて経験を積み、独立する道も。「最近は男性が店頭に立つことも多い」と楠生さん。

AZITO(アジト)　TEL0798・32・3322

香りの力で幸せな気分に

調香師(パフューマー)

洗剤《せんざい》やシャンプーは、最新の化学技術でさまざまな原料を組み合わせて作ります。「洗《あら》う」目的はこれで十分果たせますが、使うたびに楽しい気分が味わえるよう、多くの商品には香《かお》りが付けられています。どんな香りなら気持ちよく使ってもらえるか。それを考え、作り出すのが調香師《ちょうこうし》(パフューマー)です。

大学では化学を学びました。勉強は面白かったのですが、化学会社への就職《しゅうしょく》を目指す仲間を見ながら「自分も同じでいいのだろうか」と疑問《ぎもん》を抱《いだ》くようになり、1年間休学して旅に出ました。

試行錯誤を重ね、商品化

イギリスからシンガポールまで、バスと鉄道を乗り継《つ》いでの旅。道中、特に印象に残ったのが「香り」です。にんにくやスパイスたっぷりの料理を楽しむ海外の人たちが、新鮮《しんせん》に映《うつ》りました。そして「香りと人間の幸せはつながっているのでは。香りの力で日本の人たちをより幸せにしたい」と思い始めたのです。

大学卒業後、香りについて学べるフランスの大学院に進みました。初めはフランス語の講義が分からず何度も日本に帰ろうかと思いま

濱野潤二さん(41)

(神戸市東灘区)

★ ★ ★

はまの・じゅんじ
静岡県沼津市出身。慶応大学工学部応用化学科卒業。フランスのル・アーヴル大学院で香料化学を学ぶ。1998年にP＆G入社。

数百種の香料原料に囲まれた調香台で、新たな香りを生み出す濱野潤二さん
＝神戸市東灘区向洋町中1、P&G　（撮影・山口　登）

した。でも友達に恵《めぐ》まれ、食事がおいしかったこともあり、2年間なんとか頑張《がんば》りぬくことができました。帰国して今の会社に入り、5年ほど香りに関する市場調査などを担当《たんとう》。その後トレーニングを受けて、念願の調香師になることができました。

製品開発は試行錯《しこうさく》誤《ご》の連続です。調香師もチームの一員として、さまざまな担当者と協力しながら、その製品ならではの香りを作り上げてい

調香師（パフューマー）

きます。使い始めから終わりまで心地良さを感じてもらいたいので、多くの香料原料の中から最も適したものを選び、複雑に組み合わせます。構想から完成までに3年以上を要したものもあります。年間3千種類のサンプルを作りますが、市場に出回るのは2、3種類。それだけに、数々の失敗から生まれた洗剤やシャンプーが消費者に選ばれ、良い評価をもらえるとうれしいです。これからも、消費者を驚《おどろ》かせるような商品を作っていきたいです。

（聞き手・ライター藤本陽子）
2012・6・4

香り作りに欠かせないスポイト、小数点以下3桁まで量れるデジタルばかり、香料辞典など

適性をチェック！

- □ 今までになかったものを作っていく貪欲《どんよく》な創造性《そうぞうせい》
- □ 地道な作業を嫌《いや》がることなくやれる情熱・忍耐力《にんたいりょく》
- □ 海外の文化や暮らしに対する強い好奇心《こうきしん》

こぼれ話

日常生活の中でも香りが気になる

調香師の命は、何と言っても鼻。常に良い状態を保つため、風邪《かぜ》をひかないように気を付けています。「感覚が鈍《にぶ》るから」と、唐辛子《とうがらし》やにんにくなどの刺激物《しげきぶつ》を避《さ》ける人もいます。日常で「職業病だな」と思うことはよくあります。例えば、電車の中でシャンプーの残り香が強い女性の近くになったとき、気になって仕方がありません。また調香師仲間で食事に行くと、ワインの香り、料理に使われているスパイスの話などに夢中になるあまり、なかなか食事が進みません。

調香師になるには…

国家資格や公的資格はなく、企業や教育機関が独自に認定。P＆Gの場合、規定の鼻のテストを実施。合格者は3～5年の養成期間に800以上の香りを一つ一つ記憶するなど基本技術を身に付ける。食品用香料を開発する調香師はフレーバリストという。実務では化学の知識が必要だが、同社の調香師には文系学部出身者もいる。

洋服の魅力　最大限引き出す

スタイリスト

テレビ番組や雑誌《ざっし》、広告などの撮影《さつえい》用ファッションのコーディネートを考え、洋服やアクセサリーをブランドから借りるのが、スタイリストの主な仕事です。華《はな》やかに見えるファッション業界の縁《えん》の下の力持ち。自分がスポットライトを浴びることはありません。

　大学卒業後、テレビ番組の制作会社に就職しました。経験を積み、統括《とうかつ》役のプロデューサーになったとき、スタイリストを雇《やと》う予算のない番組を担当。いろんなブランドに自ら声をかけて衣装《いしょう》を手配するうち、「スタイリストになりた

インテリア、食など幅広く提案

い」という思いが芽生えました。

　思い立ったらすぐ行動。スタイリスト事務所に片《かた》っ端《ぱし》から電話をかけて、弟子入りを志願しました。なかなかよい返事は得られませんでしたが、思いが通じたのか、あるスタイリストの下で働かせてもらえることに。師匠《ししょう》の仕事を間近で見ながら、覚えていきました。

　服飾《ふくしょく》だけでなくインテリアも勉強したので、両方のコーディネートを任されることがよくあります。カーテンやクッションなどでイメージに合う既製品《きせいひん》が見つからなければ自作することも。ほかの仕事

この日は雑誌掲載用に衣装の撮影。シワや影の出方などを入念にチェックする
＝大阪市西区江戸堀1、京阪神エルマガジン社　（撮影・笠原次郎）

鳥居小路貴子さん

（尼崎市）

★　★　★

とりいこうじ・たかこ
尼崎市出身。小林聖心女子学院小・中・高校を経て甲南大文学部卒業。2002年からスタイリスト三矢健次氏に師事。04年末ごろから独自の仕事も。

を抱《かか》えながらの製作は大変で時間との闘いですが、読者らの笑顔を想像すると頑張《がんば》れます。

この世界に飛び込んで10年以上。洋服を貸し出していないブランドが熱意を感じて承諾《しょうだく》してくれたり、その人が別の人を紹介してくれたりと、世界が広がってきたと感じます。そんな支えてくれる人たちの期待に応えたいので、撮影時はカメラマンたちと協力し、洋服の魅力《みりょく》を最大限に引き出す

スタイリスト

努力を惜《お》しみません。

以前、「ファッションは人を前向きにさせる力を持っている」という著名《ちょめい》デザイナーの言葉を聞き、感動しました。スタイリストは洋服にとどまらず、インテリアや食などライフスタイル全《ぜん》般《ぱん》に魅力をもたらす仕事です。自分のスタイリングを目にした人が、いろんなことに挑戦《ちょうせん》するパワーを得てくれれば——。そう願って取り組んでいます。

（聞き手・ライター藤本陽子）

2012・10・7

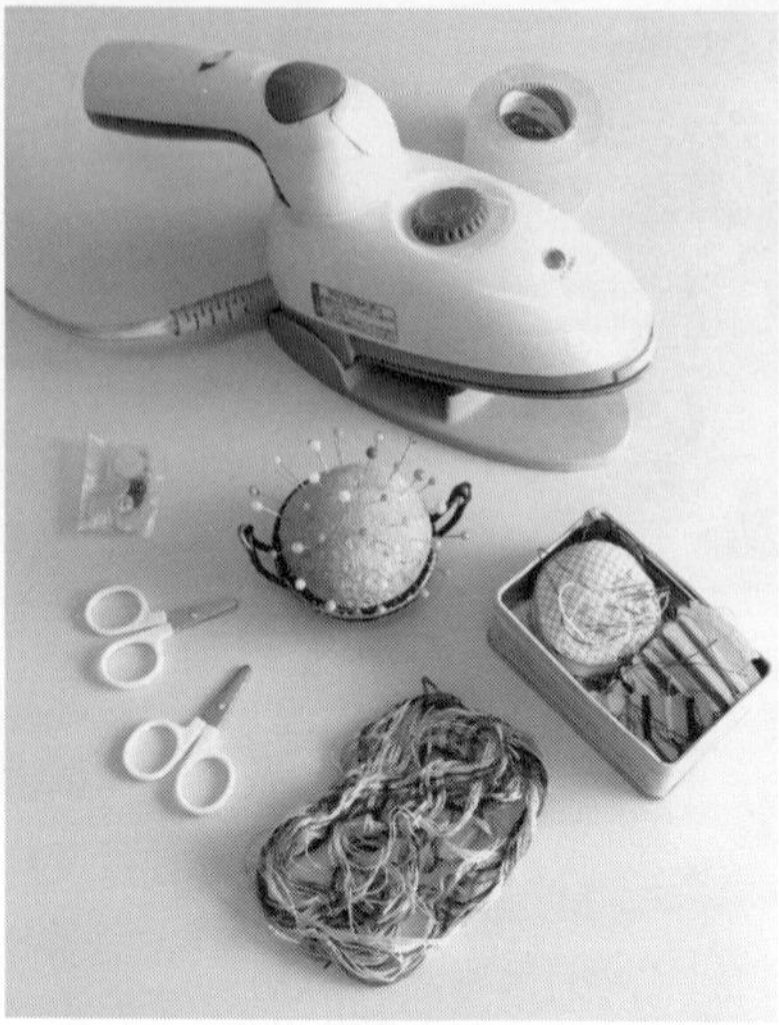

撮影現場に必ず持っていくスチームアイロンや裁縫道具など

適性をチェック！

- □ 身近なモノ、人からの刺激《しげき》を敏感《びんかん》に感じ取れる
- □ いろんな分野に関心を持ち、感性を磨《みが》いていける
- □ 受け売りでない本物を見る目を養う努力ができる

こぼれ話

いつもカバンに〝お助けグッズ〟

雑誌などは、夏に冬物の撮影をし、冬に夏物の撮影をします。プロのモデルでも、季節が逆転した撮影現場は過酷《かこく》。そんなときの〝お助けグッズ〟が、冷却《れいきゃく》ジェルシートと使い捨てカイロです。仕事場に持ち込むキャリーケースの中にいつも入れていて、モデルが快適に撮影に臨めるようサポートします。格好よく仕上がった誌面からは想像もできないほどの関係者の苦労が、そこには詰《つ》まっています。

スタイリストになるには…

すでに活躍するスタイリストのアシスタントとして経験を積み、独立するのが主流。業界には、大学・短大、専門学校などで服飾を学んだ人も多いが、専門の勉強をしていなくても問題ない。必要資格は特にないものの、色彩にまつわる資格などを持っていると有利。

デザインで日常を彩りたい

ファッションデザイナー

ファッションデザイナーというと、洋服の絵を描《か》く人と思われるかもしれませんが、それはかりではありません。私のような企業《きぎょう》に勤めるデザイナーは、流行をつかみ、市場分析《ぶんせき》をした上で「売れる商品」を提案するのが仕事。洋服作りをビジネスとして成立させることが大前提です。

高校時代、将来に直結した進路を考えていました。子どものころから絵が得意で、「手に職を」という母の言葉に背中を押され、デザイナーを目指して服飾専門学校《ふくしょくせんもんがっこう》に通うことにしたのです。

常に新しい装いを提案

昼は東京・原宿《はらじゅく》の学校、夜も別の学校に通いました。授業は厳《きび》しく、課題提出前は夜通しミシンを踏むなど大変でした。それが2校分。でも楽しかったですね。「やるときにやらなくてどうするのか」という強い思いに支えられていました。一人前のデザイナーになるために、あえてそんな環境《かんきょう》に身を置きました。

頑張《がんば》ったかいがあり、3年生で成績優秀《ゆうしゅう》者としてフランス・パリの本校へ。さすがは世界のファッションの中心地。洗練《せんれん》されていて、刺激的《しげきてき》でした。苦労したのがフラ

「街中で自分のデザインした洋服・雑貨を身に着けている人を見ると、思わず駆け寄りたくなります」と話す喜山七栄さん
＝神戸市中央区港島中町6、ワールド本社
（撮影・斎藤雅志）

ンス語。クラスメートにからかわれたこともありました。それでもめげることなく勉強に打ち込み、学外のコンテストでグランプリを受賞しました。それで周囲の目が一変し、ますます意欲的《いよくてき》に学ぶようになりました。

帰国後、今の会社に自ら売り込み、プロデザイナー生活をスタート。入社3年目にスランプが訪れました。デザイン画を何枚書いて

喜山七栄さん

（神戸市）

★ ★ ★

きやま・ななえ
千葉県出身。地元の高校を卒業後、服飾専門学校「エスモードジャポン」に入学。パリ本校への留学を経て、1993年にワールド入社。現在、雑貨ブランド「レイドローク」デザイナー

ファッションデザイナー

も不採用続き。理由を上司に尋《たず》ねたら「絵のうまい下手ではない。ブランドを十分理解した上でデザインしなさい」という言葉が返ってきました。プロとして自分に欠けていたものに気づかされました。

今は、靴《くつ》やかばんなど雑貨のデザインを担当しています。最新の流行を雑貨で取り入れる傾向《けいこう》が年々強まっていて、やりがいがあります。ファッションは人の暮《く》らしを豊かにするもの。すてきなデザインで皆さんの日常を彩《いろど》っていきます。

（聞き手・ライター藤本陽子）

2013・9・1

工場向けの製造指示書やデザインを生み出す筆記具

適性をチェック!

- □ 心身ともに、少しくらいのことでは参らない強さがある
- □ コミュニケーション能力が高く、プラス思考
- □ 世の中の動きに興味があり、新しいことを受発信できる

こぼれ話

パリでの経験　今の糧に

学生時代、2年間を過ごしたパリは、世界的なデザイナーが拠点《きょてん》を構えるファッションの本場。私も著名《ちょめい》デザイナーのアトリエに出入りしながら、独特の空気を身近に感じていました。忘れられないのが、当時運よく見ることができたパリ・コレクション。ファッションの道を志す学生の立場であの場に立ち合えたことは幸せでした。苦労もありましたが、若き日のパリでの経験が今の自分の糧《かて》になっています。

ファッションデザイナーになるには…

企業に勤めるデザイナーのほか、国内外のコレクションなどで活やくするデザイナーも。企業デザイナーの場合、服飾専門学校などで学び、アパレル企業の採用試験（専門職枠）を受ける。実技試験を課されるのが一般的。

本の管理から調査相談まで

図書館司書

自治体や大学などの図書館で、本や雑誌《ざっし》を管理したり、利用者の調べものを手伝ったりするのが図書館司書の仕事。本が好きなことは大切ですが、それだけでは司書は務まりません。

司書の担当分野はいろいろあります。児童書担当《じどうしょたんとう》なら、読み聞かせや読書推進《すいしん》活動などもします。私は今「調査相談係」にいて、主に、利用者が知りたいことに応じて本を探《さが》して紹介《しょうかい》したり、市内にその本がないとき、他府県の図書館に問い合わせて蔵書《ぞうしょ》を確認したりしています。

幅広い業務、日々「勉強」

相談の仕事で大変なのは、何を聞かれるのか全く分からないこと。野菜の根の形を知りたいのに「野菜の本は」と尋《たず》ねるなど、少しぼんやりした質問もあります。そんなときは、じっくり話をして、何が知りたいのかを一緒《いっしょ》に見つけることが大切です。会話がとても重要なのです。

問い合わせでは、今年3月の東日本大震災《だいしんさい》後には放射線《ほうしゃせん》や震災関連の質問が増えましたし、「消えた年金」が問題になったときはむかし勤《つと》めていた会社を調べる質問が目立ちました。ですからふだん

地下の書庫で蔵書を確認する楠多恵さん
＝神戸市中央区楠町7、神戸市立中央図書館

から新聞を読んだり、時事問題を考えたりすることが大切です。

よく聞かれることに「郷土史《きょうどし》」があります。地元のことが分からないと悔《くや》しいので、地域《ちいき》の図書館として、その分野の勉強にはみんな力を入れています。

利用者の求める情報を的確《てきかく》に示すことができて喜ばれたときや、児童書担当なら紹介した本の続きを子どもたちが借りてくれたとき

楠多恵さん(54)

(神戸市中央区)

★★★

くすのき・たえ
大阪府出身。大学を卒業後、司書として神戸市職員に。2007年から市立中央図書館で勤務。

のうれしさは、司書ならではです。

今はインターネットが発達し、調べものが簡単《かんたん》に解決するケースも増えてきました。しかし、ネットの情報はすべてが正しいわけではありません。本や新聞などで確認《かくにん》することは、とても大切です。みなさんにそう思ってもらえるようにいつも話をしています。

これからもきれいに本を管理して、本好きな人の情熱にこたえたいです。


（聞き手・吹田　仲）

２０１１・９・４

中央図書館にある「自動車図書館」。司書を乗せて市内各地に出かけていく

適性をチェック！

- □ 本や雑誌などを読むのが大好き
- □ 知識への探求心《たんきゅうしん》や好奇心《こうきしん》を持っている
- □ 広い知識を持ち、同時に深く知っている分野がある

こぼれ話

移動図書館で地域とふれ合いも

神戸市立中央図書館には、市内で唯《ゆい》一《いつ》の「自動車図書館」があります。図書館に行きづらい地域のために、トラックを改造《かいぞう》してつくった移動図書館です。月1回ずつ、市内計36カ所に駐車《ちゅうしゃ》して開設《かいせつ》。司書らが乗車し、貸し出しなどをします。蔵書は約2500冊《さつ》。高齢者《こうれいしゃ》が多い地域には歴史分野を増やしたり、子どもが多い地区では児童書を増やしたりと、地域のニーズに応じて本を変えます。司書にとっても、身近なふれ合いができる場所です。

図書館司書になるには…

司書資格を取るには大学などで必要な科目を学ぶか、卒業後に司書講習を受ける。司書補として3年以上勤めた後、講習を受ける方法も。公立図書館で働くには、公務員になって配属されるか、自治体の司書募集に採用されるかの2通りがある。

人の好奇心を満たす喜び

書店員

子どものころから本が大好きでした。父が「図書館司書」をしていたんです。図書館の本を管理する仕事です。家にはたくさんの本があって、親が本の読み聞かせをしてくれました。恵《めぐ》まれた環境《かんきょう》の中で、ごく自然にたくさんの本を読んで大きくなりました。

大学4年のとき、「本に関《かか》わる仕事をしたい」と考えて、出版社や書店の就職《しゅうしょく》試験を受けました。ところが、思いはかなわず、営業マンとして働くことになりました。店や会社をまわって、広告の注文を取る仕事でした。1年間やってみて、「自分にはあまり向いていないな」と気づき、辞《や》めることにしました。

“棚づくり”に思いを込める

それから、神戸のある書店でアルバイト店員として働き始めました。3年ほど働いて、別の店に移り2年、今働いている店で3店目です。正社員として働き始めて、もうすぐ丸3年になります。

売り場には16万冊《さつ》もの本があり、スタッフはそれぞれ担当《たんとう》分野を持っています。私は雑誌《ざっし》と、音楽・映画《えいが》・古典芸能など芸能書の担当です。本を並《なら》べる棚《たな》は、その書店の大切な〝顔〟です。だから、「で

少しでも手が空くと、棚の整理整頓を欠かさない北村知之さん＝神戸市中央区元町通3、海文堂書店　（撮影・岡田育磨）

北村知之さん(31)

（神戸市中央区）

★ ★ ★

きたむら・ともゆき
神戸市の星陵台中と舞子高、関西大を卒業し、2009年に海文堂書店に入社。

きるだけほかの店とは違《ちが》う、個性のある並べ方をしよう」といつも気を配っています。

今は本が売れにくい時代です。その上、パソコンなどで読める本「電子書籍《しょせき》」や、店を持たずにインターネットで本を売る通販型《つうはんがた》書店も勢いを伸ばしていて、まちの書店はとても苦しんでいます。でも店があるから、作家さんを招いて話をしてもらったり、サイン会などを開けたりします。おもしろいことをやっていれば、

書店員

お客さんは書店に足を運んでくれると思います。

一番やりがいを感じるのは、自分が「これはいい」と思った本を、実際にお客さんが手に取って買ってくれたときです。「お客さんの好奇心《こうきしん》を満たせた」という喜びがこみ上げてきます。

「何か」を求めて店に来られたお客さんが、それを見つけて帰ってくだされば、書店員としてこんなにうれしいことはありません。

（聞き手・ライター藤本陽子）

２０１２・１・22

本が売れたときにレジ係が抜き取る「スリップ」の整理は、重要な仕事。何が売れているか分かる

適性をチェック!

- □ 本が好き。いろんな本を読んでいると役立ちます
- □ 人と接することが好き。売り場に立つ上での基本です
- □ 常にアンテナを張りめぐらし、どんな情報にも敏感《びんかん》

こぼれ話

立ち仕事に重い本 腰痛が「職業病」

書店員の仕事は、一日中ずっと立ちっぱなしなので、仕事を終えるととても体が疲《つか》れます。特に悩《なや》まされるのが、腰痛《ようつう》です。本はとても重いですから、腰痛に苦しまない書店員はいません。この仕事をしている限り付き合っていかなければならない「職業病」です。毎年春になると、高校や大学に教科書を出張販売《はんばい》しに行く仕事があります。教科書の重さは、また格別です。書店員の仕事の中で、最もきつい仕事と言えるかもしれません。

書店員になるには…

アルバイトが活躍する書店も多く、アルバイトとして採用された後、経験を積んで正社員になる道も。肉体的に厳しい上、出版業界全体が冷えこんでいることもあり、待遇はよいとは言えない。しかし、「何よりも本が好き」という人たちがたくさん働いている。

（海文堂書店は2013年9月30日閉店）

芸術の魅力、人々に伝える

学芸員

学芸員とは、各地の美術館や博物館で働く専門《せんもん》職員のこと。資料の収集《しゅうしゅう》、保管、展示《てんじ》、調査研究の四つが主な仕事です。

幼《おさな》いころから、両親とよく美術館に足を運んでいました。大学ではフランス文学を専攻《せんこう》。その中でも、フランス文化など芸術に近い部分を研究しました。

美術そのものを研究するようになったきっかけは、大学3年夏のフランス留学でした。パリの国立近代美術館を訪《おとず》れたときのこと。目にした絵画の色や線の美しさに胸《むね》を打たれ、「芸術は人の心をここまで震《ふる》わせるのか」と驚きました。

資料の収集や調査研究も

「美術に関わる仕事をしたい」という漠然《ばくぜん》とした思いを抱《かか》えて帰国。その後、貴重《きちょう》な文化財を守り、その魅力《みりょく》を広く伝える学芸員の仕事を知り、勉強を始めました。

大学院で学んでいたとき、神戸で学芸員の募集《ぼしゅう》があり、受験。競争倍率29倍の難関《なんかん》でしたが、憧《あこが》れの職業に就《つ》くことができました。

初めて担当《たんとう》した特別展では、多くの苦労がありました。全国の美術館などを相手に作品を借りるための交渉《こうしょう》を重ね、事務作業や図録

廣田生馬さん(46)

（神戸市）

★ ★ ★

ひろた・いくま
京都と神戸で育つ。関西学院大学文学研究科（大学院）博士課程後期中退後、1992年6月から神戸市立小磯記念美術館に勤務。2012年4月から同市立博物館に勤務。

昭和初期の名建築の博物館前で「収蔵品を守り伝えていくことは、学芸員の重要な仕事」と話す廣田生馬さん
＝神戸市中央区京町24
（撮影・斎藤雅志）

作りなどに追われました。
限られた予算の中で、大勢の人を楽しませる展覧会を開くには、ポスターや図録の写真を撮《と》るカメラマン、美術品の運送や展示の担当者ら、さまざまな分野の専門家の協力が欠かせません。その総指《そうし》揮者《きしゃ》が学芸員。忙《いそが》しい日々の中で、研究者として専門性を高めていくのは大変ですが、世界的名画の現物に接することができたり、人々の記憶《きおく》から

学芸員

忘れ去られてしまった作家を発掘《はっくつ》して再び光を当てたりできることは、大きな喜びです。

今後は、国際都市・神戸らしい企画《きかく》展《てん》を開催《かいさい》するとともに、阪神・淡路大震災の被災《ひさい》経験を通じて生まれた、災害から文化財を守る活動など、神戸の学芸員ならではの仕事をしていきたいですね。郷土《きょうど》ゆかりの芸術家も、どんどん紹介《しょうかい》していきます。

（聞き手・ライター藤本陽子）
２０１３・２・３

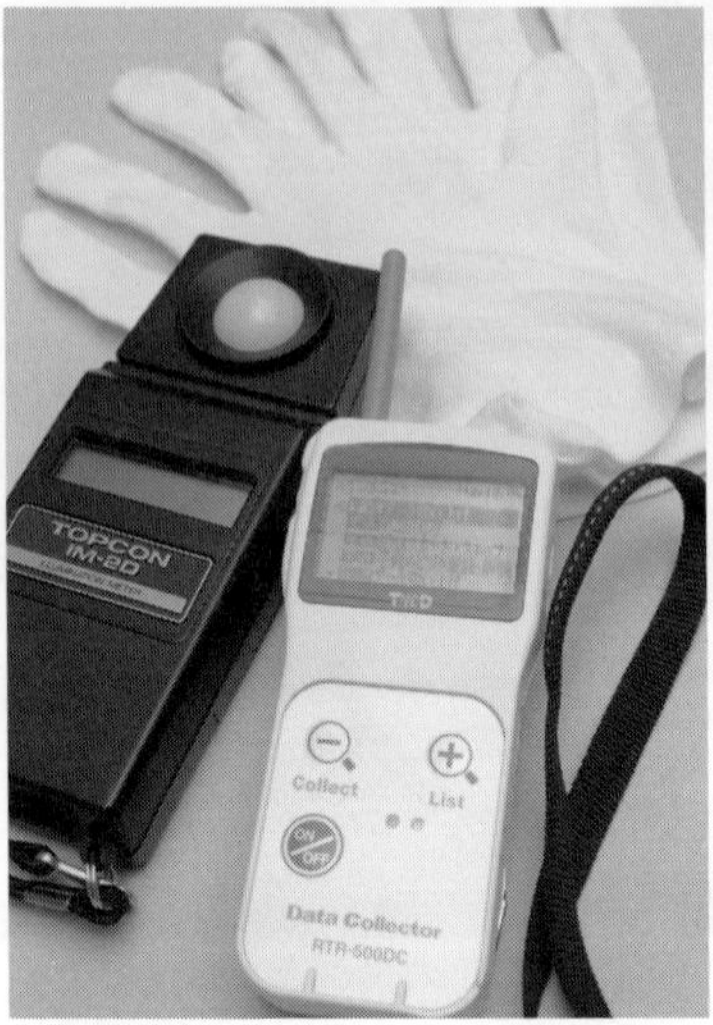

美術品の保管・展示に欠かせない照度計、温・湿度計、白手袋

適性をチェック！

- □ 探究心《たんきゅうしん》があり、熱心に情報収集に取り組める
- □ 芸術・文化を紹介する使命感と旺盛《おうせい》なサービス精神がある
- □ 文章を書くこと、人前で話すことが苦手でない

こぼれ話

大人の目線に合わせ作品展示

美術館・博物館の展示室は、作品を強い光で傷《いた》めないよう、照明が少し暗めになっています。しかし、作品の細部を楽しむには、一定の明るさが必要です。これらを考慮《こうりょ》して、あらかじめ決めた明るさを保つのも学芸員の仕事です。また、作品は通常、大人の目線に合わせて140〜150センチの高さに展示します。ただ、混雑が予想される展覧会の場合には、これより少し高めとし、見やすくする工夫をしています。

学芸員になるには…

大学・短大で所定の単位を修得するか、単位修得に相当すると認められる実務経験を積み、文部科学省の認定を受けなければならない。実際に学芸員として働くには、美術館や博物館に採用される必要があり、かなりの難関。

笑い声に包まれる幸せ

お笑い芸人

大学4年の夏、就職《しゅうしょく》活動のつもりで、大阪市にある松竹芸能《しょうちくげいのう》の養成所を受験しました。合格したときに「仕事決まったで」と両親に報告すると、あ然とされたのを覚えています。

一人で舞台《ぶたい》に立ってギャグを連発するという芸風ですが、お笑い芸人になって15年、ずっと続けているのが「なんのこっちゃね～ねのね～」というギャグです。「どういう意味があるんですか?」と聞かれますが、分かりません。僕《ぼく》が教えてほしいぐらいです。

このギャグばかりしていたので、

「継続」することが目標

事務所の人に〝禁止令〟を出され、2年ほど使えませんでした。でも、そのおかげで真剣《しんけん》にネタを考えるようになり、お笑いのアンテナが広がりました。ネタ作りは散歩中にすることが多いですね。目に入るものを歌にして、遊んでいるうちにギャグが浮かびます。

この仕事をしていて楽しいのは、やっぱりお客さんの笑い声に包まれることです。すごくうけたときは調子に乗り過ぎて、予定時間より長くネタをしてしまいます。最近はツイッターで、自分の全然知らない人が「面白い」と書いてく

看板ギャグ「なんのこっちゃね～ねのね～」。誰もいない廊下で披露してもらった＝大阪市内

（撮影・辰巳直之）

れるのがうれしいです。女性ファンはほとんどいませんが、なぜかおじさんたちに人気があります。なぜ僕のファンなのか、おじさんにたずねたことがあるのですが「知らん」と言われました…。

反対にうけなかったときはすごくへこみますが、すぐに立ち直ります。これは心が強いからというわけではなく、もう慣れてしまっているわけです。芸人としては何

代走みつくにさん（37）

（神戸市灘区出身）

★ ★ ★

だいそう・みつくに
1996年デビュー。主なレギュラーテレビ番組は、BAN―BANテレビ「ハッピータイム」など。

お笑い芸人

ともさみしい話です。昔のことですが、舞台でネタをしているときに誰《だれ》一人笑ってくれないので、思い切って黙《だま》ってみました。逆にうけるかもしれないと思ったのですが、普通《ふつう》にシーンとして終わりました。後で「そらそうなるわ」と反省しました。

このお仕事をずっと続けられたら幸せだと思っています。「継続《けいぞく》」することが、今の自分の目標でもあるのです。

（聞き手・塩田武士）
２０１１・９・25

ネタの小道具。ネクタイの赤は「太陽の光」、はたきの青は「水の恵み」を表している。メガホンはよく壊れるという

適性をチェック!

- □ 観察や妄想《もうそう》が好き
- □ 適度に運が悪い（ネタになるから）
- □ 私生活をさらけ出しても平気

こぼれ話

15年で18キロ増。ギャグのキレが…

15年間芸人を続けていると、いくつか変化があります。「なんのこっちゃね~ねのね~」というギャグは、片足《かたあし》を上げながら手を振《ふ》るという動きをするのですが、デビュー当時から18キロも太ったので、最近は片足で立つとグラグラします。看板《かんばん》ギャグなのに全くキレがありません。そんな僕《ぼく》も今では2人の子を持つ父です。妻も働いているので、積極的に家事を手伝います。今日もこれから舞台《ぶたい》なのですが、一度家に帰って晩《ばん》ご飯の支度《したく》をしたいと思います。

お笑い芸人になるには…

僕のように養成所に入るのも一つ。友人と入ったり、入ってから相方を見つけたりする人もいます。あとは好きな芸人さんの弟子になるという方法もあります。実際に師弟の強い結びつきを見ていると、あこがれることもあります。

現場の空気を届ける喜び

テレビディレクター

子どものころから阪神《はんしん》タイガースのファンで、よくテレビでプロ野球中継《ちゅうけい》を見ていました。高校生ぐらいから「スポーツ中継の現場で働きたい」と憧《あこが》れるようになり、大学時代にテレビ局への就職《しゅうしょく》を決意。関西の局の試験を受け、サンテレビに合格しました。

最初の配属先は東京支社。広告代理店を回って「野球中継でCMを流しませんか」と営業する仕事で、番組のビデオや視聴率《しちょうりつ》のデータを見せて売り込んでいました。

4年後、本社の報道制作局スポーツ部に異動《いどう》。ナイター中継でアナウンサーが話し始めるときに合図を出したり、出演者の弁当を手配したりするアシスタントディレクターを2年弱経験してから、ディレクターになりました。現在はプロ野球中継番組「サンテレビボックス席」のほか、高校サッカーや兵庫リレーカーニバルなどを手《て》掛《が》けています。

難しくも面白いスポーツ中継

スポーツ中継でディレクターは、現場の責任者として番組制作に関わっています。

阪神甲子園球場《はんしんこうしえんきゅうじょう》での試合は8台のカメラで撮影《さつえい》します。その映像《えいぞう》を大型バスのような中継車の中で

放送席で、番組の流れを説明する水野亮さん。「スタンドの歓声が中継車の中まで聞こえると、ここで観戦したくなります」

＝西宮市甲子園町1

（撮影・高部洋祐）

水野　亮さん(38)

（神戸市中央区）

★ ★ ★

みずの・りょう
神戸市灘区出身。成徳小、鷹匠中、神戸高、関西学院大を経て、1997年にサンテレビ入社。

見て、どの場面で使うか判断します。例えばタイガースが相手チームにホームランを打たれたら、まずピッチャー、次に監督《かんとく》の表情を映《うつ》す。さらにスローＶＴＲを流すというように組み合わせを決め、機材を扱《あつか》う技術スタッフやカメラマンに指示するのです。

　大切なのは、ファンが見たいであろう場面をタイミングよくつなげること。生放送なので、一番いいシーンを撮り逃さないことも重要です。スポーツ中継

テレビディレクター

に携《たずさ》わって10年以上たちますが、いまだに満点の出来にはならない。そこが難《むずか》しくも面白くもあります。

優勝《ゆうしょう》の瞬間《しゅんかん》などに立ち会うことができ、現場の空気をそのまま伝えられることにやりがいを覚えます。タイガースが勝てばうれしいし、負ければ気が重い。チームの成績が自分の生活や気持ちに直結していると感じる毎日です。

（聞き手・平井麻衣子）

2012・8・26

番組進行表、カメラマンと話すためのヘッドマイク。チームの状況を知るのにスポーツ紙は欠かせない

適性をチェック!

- □ 世間で起きているどんな出来事にも興味や関心が持てる
- □ 放送には多くの人が関わる。チームをまとめる力は必須《ひっす》
- □ 映像の表現や構成を考えるときは、視聴者《しちょうしゃ》の目線で

こぼれ話

観客の姿盛り込み視聴者と一体感

ナイター中継《ちゅうけい》の日は、チームの練習が始まる午後2時半ごろ球場へ。調子が良さそうな選手や2軍から上がってきた選手はいるか、風向きなどを観察、アナウンサーや技術スタッフと試合の見どころなどを確認《かくにん》します。解説者との打ち合わせを兼《か》ねて5時ごろに夕食を取り、45分に中継車へ。中継開始までの15分間、観客席を捉《とら》えた映像《えいぞう》を見て、放送で流す人選を進めます。視聴《しちょう》者《しゃ》が一緒《いっしょ》に応援《おうえん》している気分になれるよう、観客の姿をたくさん盛《も》り込《こ》む。サンテレビの昔からの手法です。

テレビディレクターになるには…

テレビ局ごとに行う採用試験を受ける。サンテレビの場合は新卒・既卒を対象に、総合職の一般と技術に分けて募集し、若干名を採用している。春と秋の2回採用活動を行う年もある。アナウンサーの募集は不定期。配属先は研修後に決まり、水野さんのように営業からスタートするケースもある。

取材での実感を声で伝える

ラジオアナウンサー

ラジオアナウンサーというと、ニュースを読むだけだと思《おも》うかもしれませんが、実はもっと多彩《たさい》な仕事です。特に地方局では、放送でしゃべるだけでなく、取材や番組づくりにかかわるし、時にはスポンサー取りに走ることもあります。

アナウンサーになりたいと思ったのは中1の秋でした。ラジオの深夜放送全盛《ぜんせい》時代で、同級生の影《えい》響《きょう》ではまりました。ある番組でパーソナリティーをしていた角淳一《すみじゅんいち》さんを知り、話術や雰囲気《ふんいき》に「こんなふうになりたい」と思ったんです。

「分かりやすく丁寧に、短く」心がけ

入社後、主にプロ野球などスポーツ中継《ちゅうけい》の実況《じっきょう》を担当《たんとう》しました。まず身に付けるべき話し方の技術は、良い「滑舌《かつぜつ》」と「読《よ》み」です。「滑舌」とは、スラスラとよどみなく話せること。「読み」は、意味や内容が伝わりやすい話し方です。研修や実践《じっせん》で、それらをみがいていきました。

もともと声が細く、それが悩《なや》みでした。はじめのころ、ずっと話し続ける野球中継では中盤《ちゅうばん》ぐらいで声がかすれてしまうことも。経験を重ね、自然な声の出し方を覚えました。スコアブックや資料づ

番組の生放送で、マイクに向かう林真一郎さん
＝神戸市中央区東川崎町1
（撮影・後藤亮平）

林真一郎さん（47）

（神戸市中央区）

★★★

はやし・しんいちろう
大阪芸大を卒業後、1988年ラジオ関西入社。ニュース番組やスポーツ中継などで活躍中。

くりも大切な仕事です。プレーだけでなく、状況に応じて調べたデータも活用しながら話すからです。

今は主に午後4時半から7時まで、生のニュース番組を担当しています。毎日取材し、自分が見て感じたことを、できるだけ話すようにしています。そうでないと、リスナー（聴取者《ちょうしゅしゃ》）に薄《うす》っぺらく聞こえてしまうからです。多くのリスナーから反応があり、距離《きょり》の近さを感じられると、何よりうれしいです。

ラジオアナウンサー

本番以外の時間は、取材のほか、デスクワークやインタビューの収録、翌《よく》日《じつ》の準備など、さまざまなことをしています。

ラジオならではの難《むずか》しさは、顔が見えないこと。一言一句《いちごんいっく》で誤解《ごかい》されることもあります。ですから「分かりやすく丁寧《ていねい》に、短く」を心がけています。目の前に人がいるように話すことが、上手に伝えるコツです。

（聞き手・吹田　仲）
2013・4・7

放送中のスタジオ。ディレクター（右）や音などを調整するスタッフらとの連携が欠かせない

適性をチェック！

- □ 人が好き。人に関心や興味が持てる
- □ いい意味でのやじ馬根性や、強い好奇心《こうきしん》を持っている
- □ 何があってもあきらめない、ねばり強さがある

こぼれ話

業界用語がとび交うスタジオ

日々の仕事で、いわゆる「業界用《ぎょうかいよう》語《ご》」を使うことがよくあります。例えばスタジオは「金魚鉢《きんぎょばち》」。スタジオを仕切るガラスがそう見えるからでしょうか。ほかにも新人アナウンサーが初めて本番で話す時には、春のウグイスに見立てて「初鳴《はつな》き」といいます。ＣＤやレコードはその形から「皿」、時間の長さは「尺《しゃく》」。「皿出して、尺測っといて」という指示が、たびたびとんでいます。

ラジオアナウンサーになるには…

ラジオ局の局アナになるには、ラジオ局に就職しなければならない。資格は必要ないが、多くの局では四年制大学卒業を条件にしている。また、専門技術を学べるアナウンサー養成の専門学校もある。採用人数は減っており、募集がない局も。まずは採用情報を調べてみよう。

「艶のある音」目指し猛練習

バイオリニスト

バイオリニストといってもいろいろあります。私は今、兵庫芸術文化センター管弦楽団《かんげんがくだん》（ＰＡＣオーケストラ）のメンバーとして活動していますが、個人公演をするような「ソリスト」もいます。ただ、ソリストになれるのは、幼いころから天才と呼ばれる一握《ひとにぎ》りの人だけです。

普段は毎日3～4時間、自宅などで練習しています。ＰＡＣの定期演奏会《えんそうかい》は毎月あるので、その週は県立芸術文化センター（西宮市）のリハーサルに参加します。ほかにも友人とのつながりで、小さなサロンでのコンサートにも出ます。

よい演奏には人間の厚み大切

練習では、「艶《つや》があってきれいな音」を出せるように、技術を高めていきます。苦手な所をゆっくり50回、100回と演奏《えんそう》したり、コンサートを想像しながら「イメージトレーニング」したり。集中したいい練習でないと意味がありません。

この仕事の醍醐味《だいごみ》は、やはりコンサートで思い通りに演奏《えんそう》でき、大きな拍手《はくしゅ》や「ブラボー」の声を聞くこと。会場全体の一体感が好きなんです。音楽家は人間性も大切。いい演奏家《えんそうか》は世間をよく知っ

「初めて通った教室はこのセンターの近くだったんですよ」とほほ笑む仁科人美さん
＝西宮市高松町2、県立芸術文化センター　（撮影・高部洋祐）

仁科人美さん(28)

（宝塚市）

★★★

にしな・ひとみ
宝塚市立光ガ丘中、大阪市の相愛高を経て米インディアナ大大学院へ。ＰＡＣで将来を期待される一人

ていて性格もいい。自分もそうなれるよう音楽以外の分野にも興味を持つようにしています。

公演などでさまざまな土地に行けるのも楽しいですね。子どもっぽいかもしれないけれど、きれいなドレスをたくさん着られるのもうれしい。

大変なのは、試験みたいに勉強しても結果が出ないこと。音楽は、心や体調、感覚の乱れなどがすべて音に出てしまう。私は開き直ることで、それを防ぐよ

バイオリニスト

うにしています。

3歳の時、親の勧《すす》めでバイオリンを始めました。音楽だけでなく、ほかの勉強もきちんと学べるアメリカの大学に進学しました。偏《かたよ》らずいろいろ学べたことで、客観的にやはり音楽が好きだと感じました。バイオリンでご飯が食べられるようになるには、やはり音楽大学に通って、まずどこかの管弦楽《かんげんがく》団《だん》に入ることが近道かな。

演奏《えんそう》活動のほかにも、子どもに個人レッスンをしています。これからもオーケストラでずっとバイオリンを弾《ひ》きながら、子どもたちに継続《けいぞく》して努力することの大切さを教えていきたいです。

（聞き手・吹田　仲）

2011・3・6

適性をチェック!

- □ 精神力が強いこと。心の乱れはすぐ音に出ます
- □ 目立つのが好き。主旋律を弾くことが多い楽器なので
- □ リズム感や音感の鋭さは不可欠

こぼれ話

いい音を出すためメンテナンス大切

バイオリンは木製なので、乾燥《かんそう》にとても弱いんです。ひどい時には継《つ》ぎ目が開いたり、ひびが入ったりすることも。そうならないように、加湿《かしつ》する道具「ダンピット」があります。緑色のヘビみたいな形をしていて、中がスポンジになっています。これをぬらして、バイオリンのf字孔《えふじこう》という穴から入れると、内側から乾燥《かんそう》を防いでくれるんです。楽器はとても高価ですし、いい音を出すためにも、メンテナンスや管理にはとても気をつかっているんです。

バイオリニストになるには…

プロのバイオリニストの多くは、芸術（音楽）大学を卒業しているようです。そこから管弦楽団に入ったり、さまざまなコンクールで入賞を目指したりして、演奏家としてステップアップします。狭き門である芸術大学に入るためには、確かな演奏技術や才能が欠かせません。

好きなことを続ける大変さ

漫画家

好きな漫画《まんが》を仕事にしてうらやましいと思うかもしれません。でも、好きなことをずっと好きでいるのは、実はすごく難《むずか》しいんです。

僕《ぼく》の周りにも、漫画家を目指していたのに、漫画が大きらいになって故郷《こきょう》へ帰る友人がたくさんいました。漫画家のアシスタントをしながら、自分の漫画が雑誌《ざっし》などに採用されるのを待つんですが、家賃《やちん》を払《はら》うのがだんだんつらくなるんです。

絵が下手でも修業次第

僕は大阪芸大《おおさかげいだい》1年のときに「少年ジャンプ」でデビューしました。しかし、その後はなかなか仕事がこなかった。

会社に就職《しゅうしょく》してデザインの仕事をしながら、夢を追い続けました。どんな雑誌でも、ページ数が少なくても必死で描《えが》いて、少しずつ仕事を増やしていきました。

漫画は「ネーム」というスケッチを作るのが特に大変。物語も絵もこの段階でほぼ決まります。数日は食事ものどを通らない。完成した瞬間《しゅんかん》は、洗面器《せんめんき》の水に顔を長くつけた後、顔を上げたときの気持ちに似ています。

うれしいのは作品が単行本になったとき。お世話になった人を訪《たず》

自作を手に「子どものころに見た夕焼けの色をあしらいました」と話すナカタニD. さん
＝神戸新聞社
（撮影・笠原次郎）

ねて、本を手渡《てわた》しています。

小学生のころから漫画に熱中しました。でも、父親の方針《ほうしん》で高校ではラグビー部に入り、漫画から離《はな》れた。父親を説得して芸大へ入り、漫画づけの生活に戻《もど》りました。

一日も休まず描き続ければ、必ず今日よりも明日の方がよくなります。一見、絵が下手でも、修業すればメッセージ性が強い作風をつかめる可能性があります。

ナカタニD.さん(46)

（神戸市兵庫区出身）

★ ★ ★

なかたに・でぃー
本名・中谷尚弘。神戸・夢野中、報徳高を卒業。5月に小学館から「バックステージ」が刊行予定。

漫画家

夢を実現するには、はずかしがらず、みんなに思いを話すことも大切。そうすれば、助けてくれる人がでてきます。

現在、京都精華大《きょうとせいかだい》で漫画を教えていますが「題材《だいざい》に困《こま》ったら自分のことを描け」と指導します。雑誌「まんがライフ」（竹書房《たけしょぼう》）で連載《れんさい》中の「ハレハレなおくん」は、幼《おさな》いころの神戸での体験が素材です。身近な人に伝えるつもりで描くのも、うまくなる近道です。

最近は読者の目が肥えて、リアルに描かなくては受け入れてもらえなくなった。人の心を深く知るために僕は心理学の勉強をして、カウンセラーの資格を取りました。人間を生き生きと描いて、幅広《はばひろ》い人に喜んでもらいたいと思っています。

（聞き手・田中伸明）
2011・3・27

適性をチェック!

- □ とにかく漫画《まんが》が好き。その気持ちを持ち続けられる
- □ 体力がある。少しでも作品をよくするため無理できる
- □ 好奇心《こうきしん》いっぱい。どんどん質問して世界を広げられる

こぼれ話

漫画がきらいになりかけた時も

僕《ぼく》も漫画《まんが》をきらいになりかけた瞬間《しゅんかん》があります。作品を完成させたのに、プロダクションが倒産《とうさん》してお金が入らなかったり、自信があった連載《れんさい》が打ち切られたりしたときです。そんなときは、漫画を壁《かべ》や天井《てんじょう》や床《ゆか》に描《えが》いたり、大きな石に彫《ほ》ったりして個展《こてん》を開いたほか、自分で本を出しました。ミュージシャン吉川晃司《きっかわこうじ》さんのCDジャケットを手がけたことも。くじけそうになると、自分の夢をかなえるほかの方法を探《さが》して、好きな気持ちを失わないようにしました。

漫画家になるには…

出版社に作品を持ち込んだり、コンテストに応募したりしてデビューを目指します。ただし、人気雑誌は競争が激しい。ナカタニD．さんが教える京都精華大や専門学校の漫画コースで腕をみがく道も。最近は一般書でも漫画が多く使われ、仕事の幅は広がっています。

お客さんの「夢」を図面に

建築士

さまざまな建物の企画《きかく》や設計をするのが建築士の仕事です。自分が作った図面通りに家やビルが建つのですからやりがいがありますよ。でも大変なことも多いです。

住宅《じゅうたく》会社や建築設計事務所に勤めながら2級、1級の建築士資格を目指すのですが、先輩《せんぱい》の設計や会社の決めたデザインをまねして図面を作る仕事がほとんどです。

思い通りの設計ができるのは独立して事務所を構えてからでしょうね。でも今度はお客さんをつかむのに苦労します。製図ソフトを使いこなし、道具や素材にくわしくなるためには、日ごろの勉強も欠かせません。

雑学や想像力生かし設計

設計は、いろんな制約を解決していくパズルのような仕事です。法律《ほうりつ》の決まりで道路からスペースを空ける必要があったり、建物の大きさに制限があったり。お客さんのいろんな要望もあります。それらをどうやって全部クリアして、図面を完成させられるか。

でも、苦労はしますが制約が多い方が燃えますね。3年前に手がけた家は、法律の基準《きじゅん》をゆるくするため中庭をつくり、そこにヤシの木を植えました。壁《かべ》や階段《かいだん》にも

さまざまな工夫をこらした設計図を見せる森本徹之さん
＝姫路市兼田、日本工科大学校

工夫をこらし、お客さんに喜んでもらえました。

大学を出た後、最初は保育所や高齢者《こうれいしゃ》施設《しせつ》などで働きました。でもだんだん、後に残る仕事がしたいなと思うようになりました。

鉄工所で機械設計の仕事をしていたとき、立体駐車場《ちゅうしゃじょう》の設計に関わって、面白さに引かれました。設計事務所で修業しながら1級建築士の資格を取り、独立しました。

森本徹之さん(49)

（姫路市）

★★★

もりもと・てつゆき
姫路市の広嶺中、香寺高卒。独学で１、２級建築士に合格。現在は日本工科大学校（同市）で教える。

ずいぶん寄り道しましたが、ために
なったことも多い。例えば、高齢者施
設での勤務《きんむ》経験は、バリアフリーとい
って障害《しょうがい》のある人も住みやすい家の設
計に生きました。

建築士の仕事は雑学が役立ちます。
料理の知識は台所の設計に生きます。
また、実際の空間を思いうかべながら
図面にする想像力も重要。建築は理系《りけい》
のイメージがありますが、文系の人も
向いていると思いますよ。

（聞き手・田中伸明）

２０１１・８・28

森本さんが修復を手がける町家。教え子の専門学校生も参加している
＝姫路市野里寺町

適性をチェック！

- □ 長い時間をかけて設計図を作れる集中力と根気がある
- □ 注文主の要望を聞き取るコミュニケーション力がある
- □ 建物に興味《きょうみ》がある。色やデザインを考えるのが好き

こぼれ話

古い町家再生　新たな息吹を

　2年前からヘリテージマネージャーといって古い建物を活用する役目をしています。昔《むかし》の大工の技術はすごいですよ。太い柱を重さがかかったままでつぎ足したり、くぎを使わずに柱やはりを組んだり。古い家を残していくことで、こういう技術も残したい。今は姫路市の野里地区にある商店街で町家《まちや》の再生に取り組んでいます。こぢんまりして風情のある建物なので、地域の人が集まるオープンスペースのほか、カフェにするのも面白いかなと思っています。

建築士になるには…

　森本さんのように最初から現場で修業する道もあるが、まず建築・土木課程のある高校や専門学校、大学に進み、2級建築士を受験するのが一般的。その後、一定の実務経験を経て1級建築士を目指す。

日本工科大学校　TEL079・246・5888

工夫重ね、自分だけの作品

陶芸家

わたしは、丹波焼《たんばやき》の産地、篠山《ささやま》市今田町《しこんだちょう》で代々続く陶芸家《とうげいか》の家に4代目として生まれました。

陶芸家を本気で目指したのは高校生からで、短期大学を卒業後、瀬戸焼《せとやき》で有名な愛知県瀬戸市で約3年半修業しました。ここで土の配合や焼き方など、自分なりに工夫できる魅力《みりょく》を知り、仕事にのめりこんでいきました。今は実家に戻り、華道《かどう》に使う花器や、茶器、食器などを作っています。

丹波焼は鎌倉《かまくら》時代に始まり、瀬戸や信楽《しがらき》などとともに、日本古来の代表的な産地「六古窯《ろっこよう》」の一つ

産地に誇り　伝統を守る

に数えられます。丹波の土を使った赤っぽい色が特徴《とくちょう》です。

土の配合や、顔料や石、灰《はい》などを混《ま》ぜた「ゆう薬《やく》」のぬり方などで、陶芸家の個性が出ます。わたしは瀬戸で学んだ知識や感性を生かし、粗《あら》いつぶの土を使った、ダイナミックさや温かみを感じられる焼き物を好んで作っています。

焼き物は、次の手順で作ります。まず土を乾燥《かんそう》させ、さまざまな種類のふるいにかけて好みのつぶにします。続いてろくろなどを使い、器や皿などの形に仕上げます。外で乾《かわ》かし、強度を上げるため８０

窯の前で陶芸への思いを話す
大西雅文さん
＝三田市西相野、丹文窯
（撮影・山口　登）

大西雅文さん(31)

（篠山市今田町）

★ ★ ★

おおにし・まさふみ
篠山市今田町出身。今田小、今田中、三田西陵高卒。2004年から実家の「丹文窯」で働く。

0度の窯《かま》で素焼きします。最後にゆう薬をかけて、窯で焼いて完成です。

この仕事は上達にゴールがなく、それが魅力でもあります。わたしは静かな夜中に、時に休むのも忘《わす》れるほど熱中して作ります。今は三田市の店で、父のものといっしょに作品を販売《はんばい》しています。また、全国で年10回以上展覧会《てんらんかい》も開きます。ほかの作家と交流したり、直接お客さんの声を聞けたりするのが、刺激《しげき》になって創《そう》作意欲《さくいよく》が高まるんです。

安い皿も増えていますが、手作りの温かみや世界に一つしかない作品を日常で使えるのが、焼き物の良さです。それを知ってもらうため、陶芸教室も開いています。

伝統の重みを感じながら、丹波焼がもっと全国に知られるよう、これからも精進《しょうじん》し、次の世代にも伝えていきたいです。

（聞き手・吹田　仲）
2012・2・5

大西さんが作った花器。花を入れるだけでなく、それだけでオブジェにもなる

適性をチェック！

□ものづくりや工夫を重ねることが大好き

□絵画や彫刻《ちょうこく》などを見てイメージをふくらませる力がある

□センスよりも、とことんのめりこめる情熱が何より必要

こぼれ話

気持ちをこめて作品に値段

陶芸作品の値段《ねだん》は、作った人が自分で決めます。陶芸家は仕入れ、製造、宣伝《せんでん》、販売《はんばい》をたいがいは全部自分でします。だからその価値は自分で決められるんです。もちろん売れないほど高くては意味がありません。基本的に一度つけた値段は変えません。買ってくれた人に失礼ですから。だから最初に、気持ちをこめて悩《なや》んでつけます。わたしの場合、値段は焼き上がりを見てから決めます。だから同じ形でも、価格がちがうこともあるんですよ。

陶芸家になるには…

最近の若手陶芸家の多くは、芸術大学や短大の陶芸学科、高校の専門学科などで学んだケースが多いという。開業するにはろくろや窯、作業場などが必要で、お金もかかる。まずは産地の陶芸家などに弟子入りして、才能をみがきながら、開業を目指すのもいいかもしれない。

丹文窯　TEL079・568・1031

最高の演奏状態を提供

ピアノ調律師

たくさんの部品から成るピアノの構造は非常に複雑です。音程や音色を調えるには、専門的《せんもんてき》な知識と技術を持った調律師《ちょうりつし》の力が必要です。

母がピアノ教師で、4歳《さい》からピアノを始め、大学でも専攻《せんこう》しました。3年のとき、自宅《じたく》のピアノの大がかりな部品交換が必要になり、1週間以上、調律師さんが通ってきました。作業を間近に見るのは初めてで興味津々《しんしん》。終了後、音が以前とまるで違《ちが》っていて、とても驚《おどろ》きました。

音を出すのは演奏者《えんそうしゃ》と思い込《こ》んでいたのですが、裏方《うらかた》である調律師も音楽表現ができることを知りました。演奏家や指導者の道も考えましたが、1人で鍵盤《けんばん》に向き合うよりたくさんの人と関わりながら働く方が向いていると考え、調律師を目指すことにしたのです。

弾き手と一緒に音づくりを

大学卒業後、調律師養成機関に入学。1年間、寮《りょう》生活を送りながら基礎《きそ》から学びました。「チューニングハンマー」と呼《よ》ばれる特殊《とくしゅ》な器具で、ピアノに内蔵《ないぞう》されている「チューニングピン」を緩《ゆる》めたり締《し》めたりして音を合わせます。微妙《びみょう》な加減が難《むずか》しく、1台を調律

一つ一つ音を確かめながら、チューニングハンマーでピアノを調律していく相武さん
＝神戸市中央区元町通2、ヤマハ神戸店
（撮影・中西幸大）

するのに最初は3時間ぐらいかかっていました。毎日何回も作業を繰《く》り返し、卒業時には半分ほどの時間でできるようになりました。

相武容子さん(37)

（神戸市中央区）

★★★

あいぶ・ようこ
明石市出身。同市立高丘中、県立明石北高、相愛大学音楽学部ピアノ専攻卒。同大音楽専攻科を経て、ヤマハピアノテクニカルアカデミーへ。2002年４月からヤマハ神戸店勤務。

楽器店所属の調律師となり、今は家庭のピアノ調律を担当《たんとう》しています。楽器ごとに状態が異《こと》なり、初めて触《ふ》れる場合でも短時間で理解し、最も良い音を引き出さなければなりません。最初は戸惑《とまど》うことも多かったですが、何百台、何

ピアノ調律師

千台ものピアノに触れるうちに、自分なりのやり方にたどり着きました。

作業後、「響《ひび》きが良くなった」「弾《ひ》きやすくなった」と言われるとうれしいですね。演奏する人が少しでも弾きやすい状態、良い音を実現できるよう、一層腕《いっそううで》を磨《みが》いていきたいです。

（聞き手・ライター藤本陽子）

2013・10・6

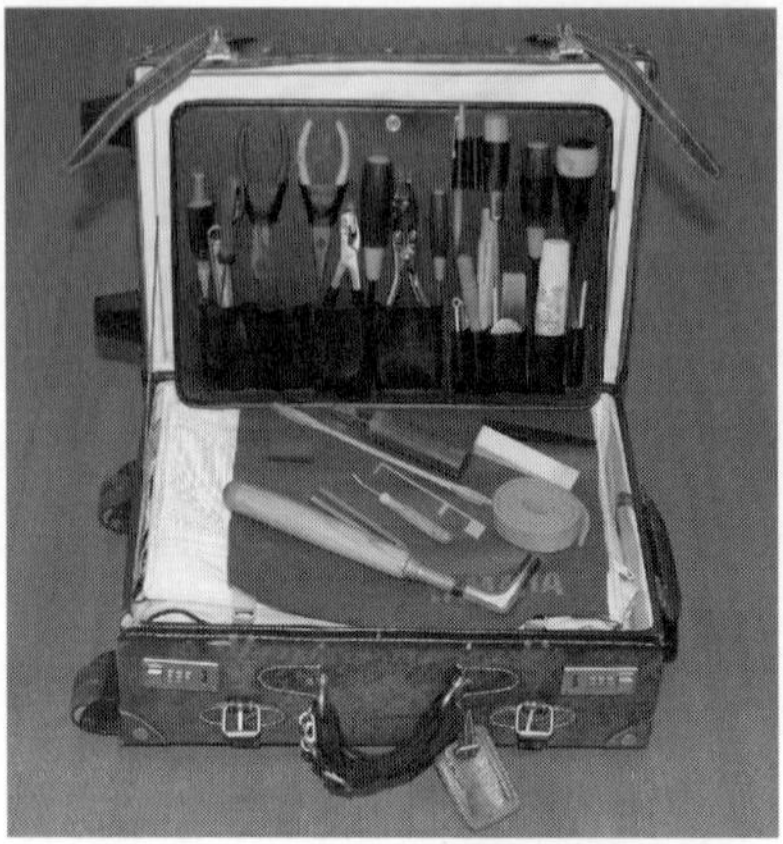

トランクに入れて持ち歩いている調律道具

適性をチェック!

- □ 指が1オクターブ届き、弾き続けられる
- □ 集中力、持続力がある
- □ 音楽の素養があり、弾き手のことを第一に考えられる

こぼれ話

定期的な調律で故障も防げる

街中で、調律が十分でなく、音程がくるったピアノの音を耳にすることがあります。一般的な使用頻度《ひんど》の家庭なら年1回、頻度の高い場合は年2回の調律をお勧《すす》めします。ピアノには木やフェルトなどさまざまな素材が使われていて、温度や湿度《しつど》の影響《えいきょう》を受けます。定期的に調律していると大きな故障《こしょう》も防《ふせ》げますよ。ピアノは生きもの。大切に扱《あつか》えば、今よりもっと良い音を響かせてくれるはずです。

調律師になるには…

楽器メーカーの養成機関や専門学校などで技術を習得後、楽器店などに就職して実務経験を積む。2011年にできた国家検定を受験し、一定の基準を満たせば、認定を受けることができる。

た　な

は

ま　や　ら

職業名 さくいん

あ

か

さ

教《おし》えて！先輩《せんぱい》!!

中学生《ちゅうがくせい》からの仕事探《しごとさが》し 夢探《ゆめさが》し

2013年11月28日　第1刷発行

編著者　神戸新聞《こうべしんぶん》「週刊《しゅうかん》まなびー」編集部《へんしゅうぶ》
発行者　吉見顕太郎
発行所　神戸新聞総合出版センター
〒650-0044 神戸市中央区東川崎町1-5-7
神戸情報文化ビル９Ｆ
TEL 078-362-7140（代表）
FAX 078-361-7552
http://www.kobe-np.co.jp/syuppan/
編集担当　浜田尚史
デザイン　MASAGAKI
印刷所　モリモト印刷株式会社

ISBN978-4-343-00746-9 C0036